この一言で「YES」を引き出す

格上の日本語

大東文化大学准教授
山口謠司
Yoji Yamaguchi

GENTOSHA
幻冬舎

この一言で「YES」を引き出す

格上の日本語

山口謠司

はじめに
ビジネスには「すみません」では済まされないことがある

どんなにいい考えも、言葉にできなければ意味がない

言葉には不思議な力があると感じています。

「今日も思いきり頑張るぞ！」と大きな声を出して起き上がるだけで、身体《からだ》も心も元気になると言われたりもします。ボクサーがパンチを打ち込むときに、「シュッ」と掛け声を出すことで、実際にパンチの威力が高まるといった研究もあるそうです。

日本には古来「言霊《ことだま》」という概念が存在しました。言葉には不思議な力や魂が宿り、発言した内容が現実のものになるという信仰です。

これはあながち迷信ではなく、ボクサーの掛け声のように、「言葉の力」で現実が

変わることも充分ありえると筆者は考えています。

そうしたことがひとつひとつ積み重なって、言葉はやがて人生を切り拓《ひら》き、社会を変革していく大きな力になります。


ところで、「言葉の力」について言えば、知っている言葉の量、すなわち「語彙《ごい》」を増やしていくことはとても重要なことです。

自分がどれだけいいアイディアを持っていたとしても、それを言葉で表現し、相手に伝えなければ、何も考えていないのと同じで意味がありません。

そのためにも、人と話したり新聞を読んだりして、社会や世界の変化を理解し、新しい言葉をどんどん身に付けていくことは一流のビジネスマンにとって必要不可欠と言えるでしょう。

言葉には知性、教養、品性、性格すべてが宿る

その一方で、ただ単に自分の考えを表現するだけでは不充分な場合があります。

たとえば、私の教え子で、商社に就職したAさんからこんな電話が掛かってきました。

「上司に『了解しました』とメールを返したら、ものすごく怒られてしまいました。先生、私に言葉を教えてください！」と言うのです。

そもそも「了解」は、軍隊で使われるような言葉ですから、ビジネスに相応《ふさわ》しい言葉ではありません。また、「了」という漢字は、「垂れ下がったもの」や「両肘がないもの」を表し、あまりいい意味を持っていないのです。それに「了解」は、本来「諒解」または「憭解」と書くべきところを略して書いたものなので、略式の書き方を、目上の方に使うのは、やはり適切ではないと思います。

せっかく「あなたの言っていることを理解しました」というポジティブな思いを伝えるのに、間違った言葉遣いで上司の不興を買ってしまっては台無しです。

やはりこの場合は、「了解しました」と同じ意味でも、相手のことを敬うニュアンスが出る「承知しました」、あるいはもっと丁寧に「承知致しました」を選んで使うのが相応しいでしょう。

また、同じ「謝る」言葉でも、誰に対して謝るか、過ちの程度はどのくらいなのか、によってどの言葉を使うべきかが変わってきます。

たとえば、上司や社外の人に自分のミスを報告するとき、「すみません」や「ごめんなさい」を使っていては子どもっぽく、ぞんざいな印象を与えかねません。やはり、社会人ならば「申し訳ございません」を使うのが適当です。

このように、言葉に対する微細な感覚を、筆者は「語感力」と呼んでいます。たとえて言えば、同じ「お米」でもブランドによって味や食感が違うように、**言葉にも「ニュアンス」や「感じ」の違い**があります。それを理解して言葉を使うのと使わないのとでは大きな差が出てしまうことになります。

もしかすると、上司や取引先は、あなたが普段何気なく使っている言葉を耳にして、「あんなぞんざいな言葉遣いをする人間に、大きな仕事は任せられない」とひそかに不信感を募らせているかもしれません。

あなたが使う言葉には、あなたがこれまで培ってきた知性、教養、品性、性格、考え方などすべてが宿ると言っても過言ではないのです。

なぜ、あの人の言うことなら素直に聞けるのか？

どれだけ言葉を知っていようと、そのシーンに最適な言葉を選び出して発言するセンスがなければ、はっきり言って宝の持ち腐れです。一流のビジネスマンは、「同じ意味でも、この状況ならこの言葉を使うのがベストだ」と常に神経を尖《とが》らせています。

言葉の感覚を磨く、すなわち「語感力」を鍛えるのは、ビジネスでも必須の要素です。

しかし、それは「怒られないため」という消極的な理由からではありません。

いつか、**自分が人の上に立って指導したり、会社を牽引（けんいん）する立場になった時にも、必ず役に立つ**ことだからです。

「君の仕事には感心したよ」と言うか、「君の仕事に感服したよ」と言うかで、部下は自分がどれほど褒められたかに、感激の度合いを色濃く読み解くのではないかと思います。

「感心」は、「君がそこまでできるとは思わなかった！」程度のことに取られる褒め言葉です。

これに対して「感服」は、「心から、君の立派な仕事ぶりを**尊敬して**感動するよ」という「心服」の意味をも添えた深い褒め言葉なのです。

相手のやる気を引き出し、いい仕事をしてもらうためにも、**「語感力」はなくてはならない「言葉の武器」**なのです。

本書では、社会人として知っておいた方がいい言葉53項目を厳選して解説を試みました。同じような意味でもこんなに「語感」が違うのか！　ということを知って頂き、言葉のセンスを身に付ける一助として頂ければこれほど嬉しいことはありません。

山口謠司

この一言で「YES」を引き出す
格上の日本語 ● 目次

第1章 いまさら聞けない！ 使い分けに迷う言葉

第2章 たった一文字で大きな違いが出る言葉

第3章 〝ここ一番〟で使いたい！ビジネスで差がつく格上の言葉

第4章 申し訳ない気持ち、伝えづらい気持ちを表現する言葉

第5章 目と耳で味わう言葉

第6章

ここまで理解できたら完璧！教養がにじみでる言葉

装幀／井上新八
本文デザイン・図版・ＤＴＰ／美創

第1章

いまさら聞けない！使い分けに迷う言葉

侃々諤々《かんかんがくがく》と喧々囂々《けんけんごうごう》

「口」が多いほどやかましくなる

与野党の議員がカンカンガクガクの議論を交わした
与野党の議員がケンケンゴウゴウの議論を交わした

テレビでもよく聞く言い回しかもしれません。どちらも、「みんなが声を出して議論した、という意味はなんとなく分かるけど……」「漢字では書けない」と思っている方も多いのではないでしょうか。さて、どちらが正しいのでしょうか？

とても混同しやすい言葉なので、漢字の意味から解説していきます。

「カンカンガクガク」は、「侃々諤々」と書きます。「侃」は、「川の流れのように堂堂とどんどん伸びていくこと」を意味します。そして「諤」は「ゴツゴツとした固い言葉で、相手に憚《はばか》らずものを言うこと」を示します。つまり、**「相手に遠慮することなく、どんどん大いに議論する」ことを表現したいときは、侃々諤々を使うべき**でしょう。

さて、「喧々囂々」はどうでしょうか。

「喧」は、「喧嘩」という言葉でも使われますが、「怒鳴《どな》り声でうるさくまくし立てること」を意味します。また「囂」は、「口」を四つも使って書かれた漢字であることからも分かるとおり、「野獣が吠《ほ》えるように大きな声で叫ぶこと」です。要するに、「喧々囂々の議論」と表現してしまうと、多くの人がうるさくまくしたて騒がしいという意味になってしまいます。これでは議論になりませんね。

ところが最近ではこのふたつが混ざって、「喧々諤々」という新しい四字熟語も現れるようになってしまいました。

いつ頃から使われるようになったか……調べてみると、坂口安吾《さかぐちあんご》が、昭和二十二

（一九四七）年に書いた『青鬼の褌《ふんどし》を洗ふ女』に「悲憤慷慨《ひふんこうがい》、熱狂協力、ケンケンガクガク、力《りき》みかえって大変な騒ぎだけれども」というのが初めのようですが、安吾は見てのとおり、カタカナで「ケンケンガクガク」と書いています。

そして、このカタカナ書きは、昭和三十四（一九五九）年八月十日付け朝日新聞の解説記事にも引き継がれています。

この上告審の判決は、七対五という小差。多数意見はわずか二票差というきわどいところで決まったのをみてもわかるように、数十回延べ二千時間にもわたった会議ではケンケンガクガクの大論争……

最近では、「侃々諤々」や「喧々囂々」より、「喧々諤々」が多く使われるようになって来ているようです。

言葉は生き物、変化していくものと考えれば、「喧々諤々」でも意味が分かればいいかとは思うのですが、それにしても「侃々囂々」という言葉が生まれなかった理由はどこにあるのかというのも、ちょっと気になるところです。

なおざりとおざなり

いい加減でも、するのとしないのとでは大違い

ひらがなで書くと、「なおざり」と「おざなり」は、アナグラムのようにどっちがどっちか区別が付きにくい言葉に見えますね。

それに加えて、このふたつの言葉は意味もほとんど同じなのです。

「なおざり」は、「深く心にとめないこと、本気でないこと、いい加減、かりそめ」という意味です。

これに対して、「おざなり」は、「いい加減であること、その場のがれのこと、間に合わせ」です。

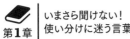

辞書を引くとどちらも「いい加減」とありますから、どう使い分ければいいのか、なかなか迷うのではないかと思います。

そこで、両者の違いを漢字から紐解いてみます。

「なおざり」は「等閑」と書きます。「等閑」は、中国由来のとても古い言葉です。唐の詩人・白楽天《はくらくてん》の「琵琶行《びわこう》」には、「秋月春風等閑に度《わた》る」と書かれていますが、これは「秋の明月、春の花風と、浮かれて暮らしているうちに」と訳されます。

もともと「等閑」は、「気にも留めずに、ホワホワとしていい加減に」という意味で使われたのです。

白楽天の詩が我が国で流行《はや》ったのは、ちょうど『源氏物語』が書かれた平安時代中期のことです。

『源氏物語』を読むと、またか！　と思うほど、「なおざり」という言葉が出てきます。しかも、男が女性との関係で「いい加減」であるとする用法がほとんどなのです。

一方、おざなりは「御座形（御座成り）」と書きます。

この「御座」は、芸者さんにお酒を注《つ》いでもらって会話を楽しんだり、ゲームをして遊んだりするいわゆる「**お座敷遊び**」を指す言葉です。

いつぐらいから使われるようになったか調べてみると、江戸時代後期の川柳にこんなものが見つかりました。

「お座なりに芸子調子を合はせてる」（『柳多留《やなぎだる》』五十八）

現代風に訳すると、芸者が適当に合いの手を入れて調子を合わせている、といった意味になるでしょうか。

ここから転じて、**「お座敷遊び程の、本気ではない、酒の席の、その場しのぎの、適当さ」を「おざなり」と表現**するようになったのです。

もともとはどちらも「いい加減」を意味する言葉でしたが、現代で使うときは次のような違いがあります。

「おざなり」は、「曲がりなりにもなにかをやった。でも、それは（結果として）いい加減なものだった」という意味で使われます。

これに対して、「なおざり」は、「やらなければならないことがあるのだけれども、やらないままでいい加減に投げ出している」として使われます。

具体的な例を挙げるとすれば、

「顧客に対して、おざなりな対応をした」は、**「お客さんに対して、一応、対応はしてみたが、その対応はいい加減なものであった」**

「顧客に対して、対応をなおざりにした」は、**「お客さんに対する対応、そのものをしていないで、いい加減にしている」**

といった違いが出ることになります。

どちらも、「いい加減」である点については変わりありませんが、「する」か「しないか」で大きな違いが現れているのです。

満月と十五夜

家族が集まって月を愛《め》でる特別な日

十五夜お月さん　御機嫌《ごきげん》さん
婆《ばあ》やは　お暇《いとま》とりました

十五夜お月さん　妹は
田舎へ　貰《も》られてゆきました

十五夜お月さん　母《かか》さんに

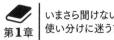

も一度　わたしは逢いたいな

大正九（一九二〇）年に発表された野口雨情《のぐちうじょう》の童謡「十五夜お月さん」の詩ですが、ご存知でしょうか？

雨情は離婚し、自分が娘を引きとったことがこの詩の背景にはあると言われています。

さて、「十五夜」とは月の満ち欠けで、月齢十五、すなわち新月から数えて十五日目の月のことをいう言葉です。

経書のひとつ『周礼《しゅらい》』という本の注釈書には「大の月は十六を望とし、小の月は十五を望とす」と記されていますが、これは旧暦では新月の日（これを「朔日《さくじつ》」と呼ぶ）を毎月の初めとし、「大」の月は三十日、「小」の月は二十九日と定め、それぞれ十六日目と十五日目に満月である「望」が現れることを言ったものなのです。

つまり「満月」は、旧暦では「望」と呼ばれる日で、「十五夜」も現在の二月、六月、九月、十一月には必ずやってくることになります。

しかし、中国では、唐の時代から、旧暦八月の十五夜の日は、特別な日としてお祝いの行事の日として扱われてきました。それは、この日に、**家族が集まって月を愛でるという風習**が始まったからです。

この行事は、我が国でも平安時代の貴族の間に広まるようになりました。中国ではこの日の月を「十五夜」と呼ぶことはありませんが、日本では、とくに「十五夜」と言えば、他の月の「十五夜」とは違う「**仲秋の名月**」を指すことになったのです。

お団子を作ったり、お芋を蒸かしたりしてお膳に並べ、月を見ながら、家族が一緒にお供えものを食べたり、お酒を飲んだり。

さて、唐代の詩人、杜甫《とほ》に「月夜」という詩があります。

至徳元（七五六）年杜甫は安禄山《あんろくざん》の反乱軍に捕らえられ、長安で捕虜となっていました。その捕虜生活のさなか、北方、鄜州《ふしゅう》という疎開先にいる妻子に贈った詩です。

唐代、広い中国では、人は、恋人であっても家族であっても、一旦、離れてしまうと、次にいつ会えるか分からなくなってしまうものでした。

そんな彼らにとって、月、とくに満月は、とても大切なものでした。

なぜなら、満月は、自分が想う相手もきっと同じ月を見ているんだという慰めを与えてくれるものだったからです。

仲秋の名月の時、家族が集まって一緒に食事をしたりするというのは、有り難いことに、今年は一緒にいて一緒に同じ月が見られるという喜びを分かち合うためでもあったのです。

そうであるとすれば、冒頭に挙げた野口雨情の「十五夜お月さん」にも、ばあや、妹、お母さんも、今日の仲秋の名月を、私と同じように見ているだろうかという思いが込められているのは明らかでしょう。

「満月」と「十五夜」、どちらも、月がまん丸になることを指しますが、「十五夜」と言えば、旧暦八月十五日の満月しか指しません。そして、この日は、家族を想い、家族と一緒に月を愛でるのです。

われわれがふつう使う太陽暦のカレンダーでは、十月の初め頃に「十五夜」がやってきます。空気も澄み、美味《おい》しいものもたくさんある季節、この頃、月は輝きを増しています。

妻、嫁、奥さん

女性のパートナーを紹介するのにふさわしいのは？

皆さんは、女性のパートナーのことをどう呼びますか？　あるいは、男性のパートナーの方からどう呼ばれていますか？

調べてみると、二十代の方は「うちの奥さん」、三十代は「うちの妻」、四十代は「うちの嫁」、五十代の方以上は「うちの女房」と、世代によってバラツキがあることが分かってきました。

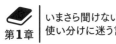

理由は、「……周りの人がそう呼ぶから、自分もなんとなく」というものですが。

それではこれらのうち、男性が女性を呼ぶ時のもっとも適当なものは、どれでしょうか？

答えは、「妻」です。理由を追って説明していきます。

「妻」という言葉は、七一二年に書かれた日本最古の歴史書『古事記』にすでに使われています。

出雲神話に登場する須佐之男《すさのお》の記述で、

「僕の名は、足名椎《あしなづち》と言う。妻の名は、手名椎《てなづち》と言う」と、自分のパートナーの呼び方を「妻」と記しているのです。

この「つま」という言い方は、現在でも同じですが、じつは、婚姻制度の観点から、神話の時代、あるいは奈良、平安の時代、現代とではまったく意味が違います。

平安時代は、男性が女性の家に出向いて夜の時間をともに過ごす、いわゆる「通い婚」と言われる婚姻制度だったのです。そして、ふたりの間に子どもができると、男性はパートナーの女性とともに独立して家を建ててともに生活をするようになったのです。

ところで、「妻」という漢字は、「簪《かんざし》をつけた、家事を行う成人女性」を形として描いたものですが、漢字の音では「サイ」と呼びます。

日本語の「つま」という呼び方は、「連れ添う身」という言葉が「連れ身」となり「つま」となったと言われています。この「つま」という言葉を、漢字の「妻」に当てたのです。つまり、男女問わずパートナーのことを「つま」と呼んでいたわけで、漢字の「簪をつけた、家事を行う成人女性」という意味は、日本語の「つま」にはないのです。

明治時代になって、現代と同じような婚姻制度ができあがると、婚姻届などの正式な書面にも「妻」という言葉が使われるようになりました。

それでは「女房」という言葉は、どのようにして使われるようになったのでしょうか？

もともと「女房」は、自分の「妻」を表した言葉ではなく、**身分の高い貴族に仕えて、身の周りの世話をした妻以外の女性**を指していたことが分かります。紫式部《むらさきしきぶ》や清少納言《せいしょうなごん》も天皇の妃の女房として働いていました。

「女房」が「妻」という意味で使われるようになったのは、**江戸時代**からです。

もともと武士たちが、自分よりも立場が上の人に、自分の「妻」を紹介する際に、「私の身の周りの世話をしてくれる人」という意味で、**「妻」の立場を下げた謙譲語**として使われたのが、町人などにも広がったものと考えられます。

それでは、「家内」はどうでしょうか？

「家内」の初出は、一〇九六年頃に書かれた『後二条師通記《ごにじょうもろみちき》』という日記です。これには「国家并家内大事也」と記され、「国家と併せて、家の中のこともとても大事だ」という意味で書かれています。

この「家の中」という言葉が、次第に「家の中にいる女性」を表すようになっていくわけですが、広く**「妻」のことを「家内」と呼ぶようになったのは、明治時代**になってからのことでした。

男性が外で働き、女性は専業主婦として家の中で家事を行うという家庭のスタイルが生まれた時代です。これもまた、自分の上司など立場が上の人に「妻」を紹介する際に、「ふだんは家で家事をしてくれている人」という意味で「家内」という言葉を使うようになったのです。

さて、自分の「妻」のことを「うちの嫁」と呼ぶ人がいます。お笑いの芸人さんたちに多いような気がするのですが、これは業界用語なのでしょうか。

「嫁」という言葉は、鎌倉時代、一二七五年頃に書かれた『名語記《みょうごき》』という語源辞典には次のように書かれています。

「子息が妻をよめと名づくは如何　答、よめは婦也」（息子が「妻」を「よめ」とよぶのはどうか？　答え：嫁という言葉は、子息の妻のことを言うものだ）

これによれば**「嫁」とは、本来「息子のところに嫁いできた女性」を指す言葉**だったにもかかわらず、息子が自分で自分の「妻」のことを「嫁」と表現する呼び方があったことが分かります。

この言い方は、おそらく、落語家や歌舞伎など伝統芸能を教えている家に住み込んでいる人たちの家で使われたのが、現代でも芸人さんたちの家に引き継がれたものであろうと考えられます。

それでは、自分の「妻」を「奥さん」と呼ぶ呼び方について記しておきましょう。

「奥さん」のもととなったと考えられる「奥方」という言い方が文献の上に現れるのは、一五六二年のことです。

北条幻庵《ほうじょうげんあん》が書いた『北条幻庵覚書《おぼえがき》』に「近頃、座頭と申せば、いずれもおくがたへ参候」と記されます。「最近、我等が首長《かしら》は、皆様、奥の間の方へとお出でになります」という意味ですが、「奥の間」とは、すなわち、家の奥の方にいる「妻のところ」を表しています。

武家屋敷では、「妻」は屋敷の奥に住んでいました。そして、その首長の家来たちは、首長の妻のことを「屋敷の奥にいる偉い女性」という意味で「奥方」という言葉を使ったのです。

江戸時代になると、この言い方が庶民の間でも使われるようになり、他人の妻を呼ぶ時に、**尊敬の意味を込めて「奥方」と呼ぶようになり、これが「奥様」「奥さん」に変化**していったのです。

最後に、「かみさん」について説明します。

「かみさん」が出てくるのは、江戸時代後期、一七七一年の浄瑠璃《じょうるり》『妹背山婦女庭訓《いもせやまおんなていきん》』です。「コレ、かみさん。見ればここにもてらやのやうに、七夕様《たなばた》が祭ってあるな」と記されています。

これは、**嫁から見た姑（しゅうとめ）のことを「かみさん」**と呼んでいるものです。

「かみさん」の語源は「上様」で、「目上の人」を表すものでした。

では、なぜ、「妻」のことを、パートナーの男性が「かみさん」と呼ぶようになったのでしょうか。

これは、「妻に、頭が上がらなくなった夫」が生まれてきたことと無関係ではないのですが、女性が家庭内の中心になり、男性がパートナーの女性から「お小遣い」をもらうようになった昭和三十年代、すなわち一九六〇年代頃から流行ってきたと考えられます。

伯父と叔父

親より年上か年下かを覚えておけば間違わない！

「おじさん」とひらがなで書けばまったく問題はないのですが、いざ、漢字で書こうとすると「伯父」「叔父」、どっちを書けばいいのか迷ってしまうという人は少なくありません。

ある時、学生に、この違いを知っているかと聞くと、こんなふうに答えた人がいました。

「伯父」は父方の「おじ」に使い、「叔父」は母方の「おじ」に使う。

もちろん、これは間違いです。

答えを先に言いましょう。

「伯父」は、自分の父親もしくは母親の兄に対して使います。

「叔父」は、自分の父親もしくは母親の弟に対して使います。

父方、母方の違いは、まったく関係ありません。

さて、それでは「伯」と「叔」とは、どんな違いがあり、何に基づくものなのでしょうか。

その答えは、古代中国の兄弟の名前の付け方にあります。

我が国では、長男、次男、三男、四男と続く兄弟の名前を付けるのに、「太郎（一郎）、次郎（二郎）、三郎、四郎」と、番号を振る方法を多く使います。

これに対して、**古代中国では、「伯、仲、叔、季」という漢字を使って、兄弟の順番を付けていました**。

ですから、たとえば、「伯夷」「仲尼」「叔斉」「季路」という名前の人がいるとすれば、それぞれ、「伯夷」は「長男である夷という名前の人」「次男である尼という名前の人」「三男である斉という名前の人」「四男か末っ子の路という人」といったことがすぐに分かるのです。

この「伯、仲、叔、季」による兄弟の生まれ順は、我が国でも奈良時代や平安時代に使われたことはありますが、分かりやすさを優先して、平安時代末期頃には「太郎(一郎)、次郎(二郎)、三郎、四郎」が広く使われるようになっていきました。

ただ、「おじ」と日本語で言う場合、どうしても自分の父親や母親より年上か年下かを区別する必要がある場合もあります。

とくに相続に関する書面などでは不可欠でしょう。このような場合に、「伯」と「叔」という中国の兄弟の順番を表す漢字が使われる伝統が残されたのです。

とは言っても、自分の父親・母親が二番目、三番目、四番目に生まれたことを示す中国式の厳密な「仲、叔、季」は採用されませんでした。

どんな順番で生まれていても、父親・母親より年上であれば「伯父」、父親・母親より年下であれば「叔父」とだけ区別するのです。

もちろん、これは「おば」も同様です。

ひとつつけ加えておきます。

まったく血縁関係のない「おじさん」の言い方があります。この場合は、「小父さん」と書きます。これは江戸時代に、年を取った血縁関係のない「おじいさん」を「大父」とする書き方があって、「おじいさん」ほどでもないが、自分より年上の「おじさん」を「小父さん」と書いた名残りです。

日本語には親近者を区別する言い方が様々あります。こうした言葉を使い分けるのも語感力を伸ばす一歩ではないかと思います。

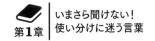

費用と経費

出ていくお金の呼び方あれこれ

「費用」という言葉を、我々は毎日のように使います。

「入院費用」「介護費用」、それから、会社では、かけた費用に対してどのくらい効果があるかを説明する「費用対効果」という言葉もよく耳にするのではないでしょうか。

ところで、この「費用」、じつは中国では、紀元前の戦国時代から使われている古い歴史のある言葉なのです。

荀子《じゅんし》（紀元前三一三～紀元前二三八）が書いたとされる『荀子』（礼論篇）には、次のように書かれています。

「夫《か》の費用を出すは、財《ざい》を養《やしな》う所以《ゆえん》なるを孰知《じゅくち》すべし」（社交のために費用を出すのは、社会的地位を上げて、自分の資産を増やしていくためであることを熟知しなければならない）

さすが中国といいますか、この頃からすでに「社会的地位を上げて、自分の資産を増やす」なんてことが論じられていたのです。

さて、「費用」を漢文訓読すれば「費え用ふる」と読めます。「なにかを買ったり、なにかをしたりするのに、必要なお金」のことです。だから、「使うお金」であれば、なんにでも使えます。

ところが「経費」はそういきません。

「部長、予想以上に経費が掛かったので、今月は利益が上がりませんでしたね」という言葉を、会社で聞いたことがありませんか。

「経費」とは、「**なにか、物事を行うのに必要な費用**」のことで、「必要経費」と言われたりします。とくに、**継続的に必要なお金**……たとえば、光熱費、電話代、営業に掛かる交通費、パソコンやプリンターなど事務機器の購入代などを指します。

たくさん売上が出ても、光熱費や営業代、宣伝費などにお金が予想以上に掛かって利益が出ない場合に、先ほどのような言葉が聞かれるのです。

似た言葉に「実費」があります。これは、「手数料や儲けなどを含まない、実際に要した費用」を示します。

もうひとつ、「コスト」について説明します。これは、とくに「商品の生産に必要な費用」を表し、「原価」「生産費」のことです。

そういえば、二〇一七年十二月二十二日付け時事通信社の記事に、次のようなものが出ていました。


「2020年東京五輪・パラリンピック組織委員会の武藤敏郎事務総長は22日、大会**経費**を1兆3500億円とする予算計画第2版（V2）を発表したことに関し、『まだまだV3、V4と削減を続けないといけない』と述べ、今後も**コスト**削減に努める姿勢を示した。同日発表したV2は、5月に組織委と東京都、国、関係自治体の4者が大枠で合意した総額1兆3850億円から350億円圧縮した」

お金には代えられない喜びがオリンピック・パラリンピックから生まれてくるのでしょうが、そのための費用は、ものすごい額になりますね。

完了と終了

「過去形」「現在完了形」「過去完了形」で考えると理解がスムーズに

『論語』の冒頭、「子曰、学而時習之（子曰く、学びて時に之を習う）」の一文は、皆さんもよくご存知のことと思います。

「子」は、紀元前五五一年に生まれ、紀元前四七九年に亡くなった思想家、孔子のことです。

さて、「子曰」は、日本語では、「孔子先生が仰《おっしゃ》った」とか「孔子が言った」と訳しますが、この文章には、孔子が「言った」という「過去」を表す文法的符号はなにもありません。じつは、漢文には「過去形」の時制を示す言葉がないのです。

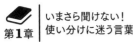

ということは、この文章は「孔子が言う」と訳すのが正しいことになります。ただ、過去の人だから、我々は慣例として「孔子が仰った、孔子が言った」と訳しているのです。

ところで、皆さんは英語の文法を習った時に、「過去形」「現在完了形」「過去完了形」という用語を耳にしたことがあるでしょう。

1. I finished my homework.
2. I have finished my homework.
3. I had finished my homework.

それぞれ、ニュアンスの違いを意識しながら訳すことができますか？

1. 私は、宿題を終えた。

日本語ではこのように訳しますが、意識としては、ただ、事実として「宿題を終えた」ことを述べているに過ぎません。

2. 私は、宿題を終えています。

宿題を始めたという過去の時点から、現在までの間に宿題を終わらせたということを意味します。ですから、「やっと宿題が終わった！」という時には、I have just finished my homework! と言ったりします。

そして三番目は、過去のある時点から始めた宿題が、過去のある時点ですでに終わっていることを表す文法です。ですから、「宿題は終えていた」と訳します。

たとえば、「父が帰宅した時、すでにぼくは宿題を終えていた」という場合は、I had already finished my homework when my father came home. と英語では書くことができます。

「終了」と「完了」の違いは、この英語の時制の違いからも推察することができるのではないでしょうか。

「終了」とは「すっかり終わること、すべてしおえること」です。結果として、過去の一点で終わったという事実を表しているので、上記の英語の文法に当てはめると

「**過去完了**」になるでしょう。

たとえば、夏目《なつめ》漱石《そうせき》は、『明暗』で、「楽天的な彼はただ申し訳の返事を書いて、それを**終了**（シュウレウ）と心得てゐた」と使っています。

これに対して、「完了」とは「動作・作用・事件が完結する、または完結したままの状態にあること」を表します。

司馬遼太郎は『燃えよ剣』で、「函館の占領が**完了**したのは、上陸後十日ばかりの十一月一日である」と使っています。

「完了」とは「完全に終了した」という意味でもあるのですが、ニュアンスとしては「**完結したままの状態にあること**」がまだ続いていることを意味しています。だとすれば、「**現在完了形**」になるでしょう。

「終了」と「完了」の違いは、なんとなく母語では分かっていても、外国語と比べると、文法的な意識なども関係してひじょうにおもしろいのではないかと思うのです。

前兆と予兆

茶柱が立つのは幸福の前触れか？

先日、ある旅館に泊まったら、仲居さんがお茶を淹れながら言うのです。「今日はいいことがありますよ」。

いいことがあると言われて悪い気はしませんが、やっぱり、「どうしてですか？」とその理由を訊きたくなります。

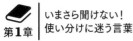

「茶柱が立っていますから！」と、仲居さんはすぐに答えてくれました。

茶柱が立つといいことがあるという迷信は、江戸後期、駿河の茶商が二番茶を売るのに使った宣伝文句に由来すると言われます。とはいえ、お茶を淹れて茶柱が立つ確率は科学的にもかなり低いらしく、それならばいいことが起こるような予感がしても、あながち間違いではないと思います。

さて、茶柱は別にしても、なにかの前触れを言う言葉に「前兆」と「予兆」という言葉があります。

どんなふうに違うのでしょうか？

その説明をするために、まず「兆」がどういう意味の漢字なのかについて触れておきましょう。

「兆」は、紀元前一五〇〇年頃の中国、殷《いん》王朝の時代に行われた占いの時に作られた漢字です。

殷王朝では、明日の天気、狩りの結果など様々なことを占いで調べました。その方法は、亀の甲羅や牛の肩甲骨に、占いたい内容を文字として彫りつけ、その上に、焼いた火箸《ひばし》を押しつけるというものでした。

神官は、それによってできる**甲羅や骨の割れ具合によって、吉凶を判断**するのです。

「うらない」を表す「卜」という漢字は、この割れ方に由来すると言われますが、「兆」も同じなのです。

これは火箸を入れた時に、四方八方にヒビ割れが起こった状態を示しています。そう言われると、なんとなく、そんなふうにも見えてきませんか？

ですから「前兆」「予兆」という言葉には、じつは、占い的な、「当たるか当たらないか分からないけど、なんとなく現れる吉凶の兆《きざ》し」を示唆する意味が含まれているのです。

それでは、「前兆」と「予兆」とでは、どんな違いがあるのでしょうか。

これは、**「前兆」がなんらの根拠がない「吉凶の兆し」であるのに対し、「予兆」は、何らかの根拠が、薄いながらもある**ことです。

「予」は、「あらかじめ」と読みます。また「予」は、旧字体では「豫」と書きますが、これは「大きな現象」を表します。

「予兆」は、すでに過去に起こった現象や、あらかじめ占いで出た結果などに基づいて知られる起こるべき大きな現象を表す言葉なのです。

ところで、「前兆」とは、だいたい、大地震など自然災害が起こった後に使われる言葉ではないでしょうか。

「海辺にイルカが大量に打ち上げられたのは、あの地震の前兆だったのではないだろうか」と言ったりします。

十五世紀の初頭に書かれた『三国伝記』という本には、「諸葛亮が病によって亡くなる前兆に、東北から西南に流れる大流星があった」と書かれた文章があります。

これらは、なにか現象が起きたとき、その現象とは本来無関係であるものとを因果関係として結びつけるような場合に使われます（もちろん、海辺に大量のイルカが打ち上げられることと地震には、何か大きな関係があるかもしれないのですが、まだそれは科学的に明らかにされていません）。

ところで、「前兆」「予兆」は、「前徴」「予徴」と書くこともできます。

この場合の「徴」は、「しるし」と訓読みされ、「兆し」と同じ意味を表しますし、「兆《ちょう》」と発音が同じことから、どちらも使われるようになりました。別に意味の上での違いはありません。

さて、それでは「茶柱」を「いいことが起こるであろう」ということを示すときに使うのは、「前兆」と「予兆」どちらでしょうか？

もちろん、これは「前兆」でしょう。漱石も、『行人』で、「茶碗の中に立ってゐる茶柱を、何かの前徴《ゼンチヨウ》の如く見詰めたぎり」と書いています。

絶妙と微妙

カタカナにするとガラッと意味が変わってしまうので注意！

グルメ番組などで、「絶妙な味」という形容を聞くことがあります。

——絶妙な味わいに溜息が出てきますね！

——佐賀牛の独特の霜降りと酸味のあるキウイのジャムが絶妙な味のバランスを生み出していますね。

「絶妙」は、漢文訓読式に読むと、「はなはだ、妙なり」となります。

「絶」は「絶《た》える」と読まれることが多い漢字ですが、「もっとも」とか「このうえなく」「きわめて」という意味を表す言葉でもあります。

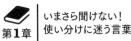

たとえば、「絶佳」と言えば、「このうえなく美しい」という意味ですし、「絶才」と書けば「極めて才能がある」ことから「非凡の才」を表します。

ここから推測すると「絶妙な味」は「このうえもなく、きわめて妙なる味わい」を意味することになるでしょう。

それでは「妙」とはどんな意味を表す漢字なのでしょうか。

「妙」という漢字は、中国、五〇〇年頃までは「女」の代わりに「玄」を書くのが正しい書き方だったと考えられています。これは、「非常に精巧である」ことを意味する漢字でした。

つまり、**「絶妙」とは、「このうえもなく、きわめて精巧である」**「すばらしく、狂いもなく正確である」という意味なのです。

「絶妙な味」とは、料理人の経験と勘とによって、まるで計算されたかのように作られた味わいを言うものなのです。

さて、それでは「微妙」とは、どういう意味でしょうか。

「妙」という漢字の意味はすでに記しましたので、「微」の意味が分かれば、「絶妙」との違いが分かるのではないかと思います。

「微」とは、「非常に小さいこと」を表す漢字です。

「顕微鏡」は「微細なものを顕《あら》わにする鏡」ですね。また数学に詳しい人なら、「微」が「百万分の一（10のマイナス6乗）」を表す数の単位であるということをご存知かも知れません。

「微分積分」の「微分」とは、まさに、「数をどんどん小さくしていく」という計算を表すものです。

また「木端微塵《こっぱみじん》にしてやる！」という言葉もあります。これは、「材木の切れ端のように、細かい塵埃《じんあい》に叩《たた》きつぶしてやる！」という意味です。

そろそろお分かりでしょうか。

「微妙」は、「細かい所まで行き渡って精巧である」というのが本来の意味なのです。

たとえば、泉鏡花は、小説『日本橋』で、「あの綺麗な手で扱われると、数千の操糸を掛けたより、もっと微妙な、繊細な、人間の此の、あらゆる神経が……」と記していますが、まさに「人間の神経」というものは、「細かい所まで行き渡って精巧」なものであり、「微妙」と表現する他ないものと言えるでしょう。

さて、それでは「微妙な味」とは？

これは、「細かいところまで行き渡って優れて精巧な味」という意味で、「絶妙な味」という言葉が表す「経験と勘と計算によって作られた狂いもなく精巧な味」とは、やや異なるニュアンスがあることが分かるのではないでしょうか。

ただ、最近は「微妙」は本来の意味で使われることが少なくなった言葉です。

「ビミョー」とカタカナで書かれて、「良いとも悪いとも言えない、**どっちつかずの、なんともいい難い様子**」を表すようになりました。

「ビミョーな味」となると、「絶妙な味」とは、まったく違う意味になってしまいますね。

審議会、委員会、協議会

違いが分かれば、ニュースの理解度も深まる

新聞を読んでいると、「国語審議会が開かれました」とか「全国学校図書館協議会では……」、また「国家公安委員会は……」「東京都教育委員会によれば」など、「審議会」「委員会」「協議会」という、分かるようで分からない「会」がたくさん現れます。

これを英語やフランス語に訳して説明しろと言われると、どんなふうに違いを説明していいのか困ります。

周りの人に訊いても、やっぱりこの三つの「会」の違いを明確に説明できる人はほ

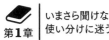

とんどいません。

それでは、ちょっと、調べた結果をここで記しましょう。

「審議会」は、国家行政組織法に基づいて、国民の意識の反映、また専門的知識の導入を目的として、内閣や各省庁に設けられる諮問《しもん》委員会のことを言います。

たとえば、文部科学省に設けられる「国語審議会」、総務省に置かれた「衆議院議員選挙区画定審議会」、国土交通省の「国会等移転審議会」などです。


また、**「委員会」は本来なら「行政委員会」と呼ばれるもの**です。行政の領域での複数の委員からなる合議制の最高意思決定機関を指します。

内閣府には「国家公安委員会」「公正取引委員会」「個人情報保護委員会」が置かれています。総務省には「公害等調整委員会」、法務省には「公安審査委員会」、厚生労働省には「中央労働委員会」、国土交通省には「運輸安全委員会」、環境省には「原子力規制委員会」があります。


みんな一度ならず、ニュースで聞いたり、新聞で読んだりしたことがあると思いますが、聞いても見ても、やっていることが分かるようで分からないし、はたまた誰がどのような手続きを経て委員になっているのかさえ、真相は藪《やぶ》の中……という気がするのですが。

さて、最後にもうひとつ「協議会」について記しておきましょう。

「協議会」とは、民間の各種団体から選出された構成員からなる民間の機関です。団体の意見調整を目的として組織されますが、行政の専門家などが入らない委員なので、強制的な執行力にはひじょうに乏しい組織です。

それでも「一般社団法人　全国人権擁護協議会」や「全国社会福祉協議会」「全国身体障害者施設協議会」「一般社団法人　リノベーション住宅推進協議会」など社会になくてはならないものがたくさんあるのです。

校正と校閲

作家も編集者も使い分けができていない!?

本を書いたり、雑誌、新聞の記事を書いたりすれば、必ず「校正」や「校閲」が必要になってきます。

ですが、文章を書く作家の方も、編集者の方も、「校正」と「校閲」という言葉の違いをなんとなくは分かっていても、どんなふうに違うのかを正確に理解していない人が多くなってきている印象があります。

それは、たとえば、大学や予備校などで作成される入学試験問題でも同じです。ですから、ここでは入試問題を例に挙げて、「校正」と「校閲」の違いを説明してみよ

う と思います。

入試問題は、ふつう、毎年六月頃から九月半ば頃までの四か月ほどを掛けて作られます。

国語の場合、一問を作るのにだいたい四人の先生が、試験に出題する本文と問題を軽く八問ほど作って持ち寄り、どれが一番試験問題のテキストとして適当かを決めます。

じつは、ここですでに一回目の「校閲」が行われるのです。

これはあくまで「校閲」で「検閲」ではありません。しかし、高校生に対する入試問題として適当な文章か否かを判断する点から考えて、やや「検閲」に近いところがあります。

すなわち、あまりに卑猥《ひわい》なものだったり、政治的、宗教的に傾きすぎていたりしたら、やはりそれは試験問題として使うことはできないでしょう。

それから、どれくらいの偏差値の受験生を、入試で振り分けて及落を判定するかというレベルの設定という点でも、文章の内容や設問の内容は「校閲」されなければなりません。

入試問題作成の場合は、まず、「校正」よりも、「校閲」が先に行われるのです。それは雑誌や新聞の記事でも同じでしょう。原稿を依頼されて、編集者に送ると、まず細かい間違いなどとは別に、原稿がその雑誌、新聞に掲載されるのに相応しいかどうかがチェックされるのです。もしも、適当なものでなければ、「書き直し」を依頼されることになります。

文章が「公」にされる場合には、それが「公」にしていいものかどうかという「校閲」が最初に行われるのです。

さて、入試問題に戻りましょう。

「今年は、このテキストで行きましょう！」という方針が、一回目の入試会議でほぼ決定します。すると、そのテキストを選んできた先生が、こんどは問題を作ることになります。

「この設問は入試レベルに相応しくないよ」「こんなふうに問題文を書き換えたら答の選択が難しくなるんじゃないかなぁ」などと議論を重ねながら、問題作成が何度も行われることになるのですが、遅くとも九月の半ばには、問題を作り上げておかなければなりません。

最後に、みんなでもう一度ていねいに、声に出してできあがった入試問題を読み上げて、その問題のもとになったオリジナルのテキストと「対校」します。

「対校」とは、オリジナルのテキストと合わせて見て、間違った文字が使われていないかどうかを確認する作業です。

この「対校」が、まさに「校正」の一回目の作業なのです。そのあと、パソコンで作った入試問題を紙で印刷します。

ところが、ここから、「初校」「再校」「三校」「念校」「現物校」と入試問題を確認する作業が入試の直前まで行われます。

これが「校正」です。「校正刷り」という「試しの印刷物」が順番に「初校」「再校」……と出力され、その都度確認しなければならないのです。

作成された問題の文字や図版などが忠実に、原稿通りに印刷されているかどうかをつき合わせて誤りを正していく作業が「初校」から「現物校」まで、少なくとも五回行われるのです。

ですが、こういう「校正」を行いながらも、作成から時間を経て見てみると、「この言葉は適切じゃないのでは？」とか「問題設定が、偏った見解ではないか？」という「校閲」の眼で見えてくることもあります。

そんな時は、やっぱり加筆や訂正をしていかなければなりません。

「校正」と「校閲」の違い、お分かりになったでしょうか？

分かりやすく、もう一度、説明しておきましょう。

「校正」とは「印刷物を印刷する前の過程で校正刷りを原稿に照らし合わせて、誤りを正すこと」です。これに対して「校閲」とは、「調べ検討すること、また精査すること」です。

「校閲者」という職業の人があります。これは「原稿、印刷物などを調べて誤りを正す人」です。

でも「校正者」という職業は、正確にいうとありません。

第2章

たった一文字で大きな違いが出る言葉

時間と時刻

古代人は「何かをしている間の長さ」で時を捉えていた

漢字の原義から説明すると、「時」は「日」と「土」と「寸」が組み合わさってできています。

このうち「日」は「太陽」を、「土」は、もともと「之」と書かれていた字で、「足で行く」ことを意味しました。また「寸」は「手」で、「手を動かすこと」を示します。

すなわち、「時」とは、もともとは「**手足を使って仕事をする間に動くお日様（の経過）**」という意味だったのです。

古代の「時」というものの感覚は、現在我々が感じるものとはまったく異なります。たとえば、我々現代人は、なんとなく時の変化を、左から右へ次々とせわしなく流れていくようなものと思っています。あるいは、人によっては、回転する腕時計の針の動き、砂時計の砂が落ちていく感覚と言う方もあるかもしれませんが。

でも、こういう感覚を、古代中国や古代の日本人は持っていませんでした。彼らにとっては「時」は「(手足を動かして)ひとつのことをやっている間の長さ」だったのです。

古代の人たちは、たとえば、「ごはんを食べている時」が「一時《いっとき》」、「寝ている時」が「一時」、「友達と話をしている時」が「一時」として、「時」の経過の長さを時間として捉えていたのです。

さて、それでは「時刻」はどうでしょう。「刻」は、ある間隔での「印」を付けることを意味します。それを目安に、人は生活をするということでもあります。

これは、「ごはんを食べている時」が「一時」、「寝ている時」が「一時」というようなあいまいな数え方とはまったく異なった目盛りです。

我が国では江戸時代までは、「子丑寅卯辰巳午未申酉戌亥」の十二支で刻んで数えていました。十二で刻むから「時刻」だろう！　と考えるのはちょっと短絡的です。これは簡単に十二で割ればいいというものではありませんでした。たとえば、夏至の頃は、昼の一刻が二時間四十分、夜の一刻が一時間二十分などと、変動するものだったのです。

さて、明治になると、まもなく、この変動的十二割の時間は、改正されることになります。

明治五年十一月九日、太政官布告第三三七号（改暦の布告）によって、時間を二十四時間に定めて、一切、変動的な使い方はしないということになるのです。

おもしろいことに、江戸時代までの十二支による時の言葉が一部残って、「午前」「午後」という言い方が残っていたりしますが。

それはさておき、「時間」と「時刻」、調べてみると、様々な古代人の生活意識も湧き上がって、現代との違いをもっと知りたくなるひとつの大きな視点だろうと思うのです。

信用と信頼

国民は田中角栄を信じて頼った

「彼は信用できる人です」と「彼は信頼できる人です」とではちょっとニュアンスが違いますね。

少し、田中角栄という人物を例に、この違いを考えてみたいと思います。

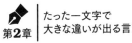

田中角栄（一九一八〜一九九三）は一九七二年七月七日から一九七四年十二月まで内閣総理大臣を務め、「日本列島改造論」という政策を打ち上げた人物です。

新幹線、高速道路などを全国に整備することで、日本全体を活性化することを狙ったものです。

新潟の農家出身で、家に経済的な余裕がなく、最終学歴は小学校卒と歴代首相のなかでもきわめて異色です。しかし、田中はそれを苦とも思いませんでした。

東京に出て、建設業者の家に住み込むと、昼間の労働で疲れた身体《からだ》に鞭《むち》打って、中央工学校などの夜学に通い、知識の不足を補います。

徴兵で中国大陸に送られましたが、ここで抜きん出た事務的能力を発揮し、上官から**信頼を得る**ようになるのです。

二十二歳の時、疾病に罹《かか》って除隊。帰国後、田中土建工業を興しました。

戦争末期、理化学興業（現・リケン）から、工場移設の工事を請け負い、朝鮮半島に渡りますが、まもなく終戦を迎えることを察知し、全資産を朝鮮に寄付して帰国したのでした。

一九四七年四月、田中は、進歩党代議士の大麻唯男から勧められて、衆議院選に出馬、国政に参加することになります。

田中は、自分で勉強しても分からないことは、下問して官僚に聞き、何が問題なのか、どのように解決すれば最も早く、最も効果的なのかを徹底的に調べていきます。

そして、官僚も新潟から嘆願に来た人たちも分け隔てなく、自宅に招いて話を聞いたため、人心を摑《つか》んでいくのです。

田中が提案して作られた議員立法は、現在でもなかなか抜くことができない三十三本に及ぶと言われています。

数字に強く、頭の回転が早く、実行力のある田中を、ひとは「コンピュータ付きブルドーザー」と呼ぶようになっていました。

一九五七年、三十九歳で郵政大臣に就任。一九六二年には大蔵大臣、そして通商産業大臣を経て、一九七二年、第六十四代内閣総理大臣に就任するのです。

この時の内閣支持率は、七十%前後まで上ったと言われます。

国民の多くが、**信用して**田中を内閣総理大臣にしたとも言えるでしょう。

しかし、残念なことに、ロッキード事件と呼ばれる収賄罪、外国為替《かわせ》・外国貿易管理法違反の容疑で、**信頼を失い**、また脳梗塞《のうこうそく》で倒れ、田中は、一気に国民からの信頼を失ったまま、死んでしまうのです。

「信頼」と「信用」の違いをこの文章から考えてみましょう。

「信頼」は「信じて頼る」ことです。

そして「信用」とは「信じて用いる」ことです。

田中角栄は、国民にとって信じて頼ることのできた人物でした。そして田中を信じて、首相として「信じて用いた」のが国民だったのです。

このふたつの言葉の違いを知るためにもうひとつつけ加えておきましょう。

「信用組合」はあっても「信頼組合」はありません。

「信頼」は個人に対するものであり、**「信用」は「公的」な言葉**なのです。

それから考えると、冒頭で例示した「彼は信頼できる人です」が正しい言い回しといえるでしょう。

夫妻と夫婦

正式な婚姻関係を結んだ男女のペア

「夫妻」と「夫婦」、どちらも結婚した男女を表す言葉です。

「夫婦」は、たとえば「私たち夫婦は、今年、結婚して十年を迎えます」とか「山下さん夫婦は、今年、夏休みの旅行にスペインに行かれるそうですね」など、自分にも他人にも使います。

ところが**「夫妻」は他人にしか使いません**。「山下さん夫妻の今日の夕飯は？」とは言っても「私たち夫妻も招待されているのでしょうか？」とは言わないのです。

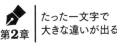

「夫妻」は敬語、丁寧語です。

それに対して**「夫婦」は、敬意を含まない**ふつうの名詞です。

同じ内容を示すのに、なぜこの差が生まれたのでしょうか。

「夫妻」「夫婦」どちらも、奈良時代に中国から渡ってきた漢語で、結婚した男女という意味で使われました。

一方で、日本でもすでに「めをと（妻夫）」という言葉がありました。この「妻」に「め」を、「夫」に「を（っ）と」を当てたのが、「めおと」に変化したのです。

ただ、「めおと」は、「女男」とも書かれ、必ずしも結婚をした男女を表す言葉ではありませんでした。

当時の婚姻形態は、子どもが生まれるまではいわゆる「通い婚」です。この通い婚の関係でも「めおと」と呼ばれたのでした。

これに対して、**「夫妻」とは、子どもを持って、正式に婚姻の関係を結んだもの**です。「夫妻」は、正式な婚姻関係を持つ男女のペアを表す対外的な言葉として使われるようになったのです。

能率と効率

重視されるのは到達度か結果か

「能率」と「効率」の違いは、「能」を「能力」と見て、「効」を「効力」と熟語で読み換えれば、分かりやすいのではないかと思います。

「能力」とは「物事をやり遂げることのできる力、事をなし得る力」です。また「効力」とは「何かに作用して、ある効果を表すことのできる力」です。

それぞれに「率」、すなわち「割合」が付くと考えればよいのです。

「能率」は「一定の時間にどれくらい仕事ができるかという割合」です。また「効率」は「使った労力と、それによって得られた結果の割合」を示します。

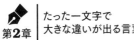

ここには、ちょっとした視点の違いがあります。
それは、**「能率」が、まだ結果が出ない点での「割合」や「到達度」**を示すのに対して、**「効率」はすでに終わった仕事、**つまり**結果**が重視されていることです。

大正七（一九一八）年に出版された『新しい言葉の字引』（服部嘉香・植原路郎編）におもしろいことが書かれています。

「能率 Efficiency（英）の訳。一定の時間内に仕事の結果を能ふかぎり、有効に発揮する割合。最近各方面にこの語が用ひられる」

「能率」は、大正三（一九一四）年から大正七（一九一八）年まで続いた第一次世界大戦の前後から使われるようになったのです。

また、「効率」について調べると、プロレタリア作家・岩藤雪夫《いわとうゆきお》が昭和三（一九二八）年に書いた短編『ガトフ・フセグダア』に「タアビンは蒸汽の消費量が最も経済的であるし燃料に対しても効率がいい」と使われているのが、早い例のようです。

いずれにせよ、「能率」も「効率」も、日本が植民地を広げていく大正から昭和にかけて使われるようになった言葉なのです。

神宮と神社

天皇家との縁の深さがカギとなる

伊勢神宮、熱田神宮、橿原《かしはら》神宮、宇佐神宮、香取神宮、鹿島神宮、平安神宮、明治神宮……。

日本全国にはたくさんの「神宮」が存在しますが、ほとんどの方は「じんぐう」と読むのではないかと思います。

ですが、我が国で最も古い文献、『日本書紀』（崇神《すじん》天皇八年十二月の項）の北野本の訓には「神宮」は「かむみや」と読むと記されています。

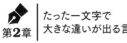

ここでの「神宮」は、「神のおいでになる宮、神霊をまつる御殿」の意味で、必ずしも特定の「神宮」を指す言葉ではありません。

じつは「神宮」は、現代では唯一、**皇室の祖先とされる天照大神（あまてらすおおみかみ）をまつる「伊勢神宮」だけが「神宮」と呼ばれるべき**ものなのです。

伊勢神宮のHPには、次のように記されています。

「『お伊勢さん』『大神宮さん』と親しく呼ばれる伊勢神宮は、正式には『神宮』といいます。

神宮には、皇室の御祖先の神と仰ぎ、私たち国民の大御祖神《おおみおやがみ》として崇敬を集める天照大御神をお祀《まつ》りする内宮（皇大神宮）と、衣食住を始め産業の守り神である豊受大御神《とようけのおおみかみ》をお祀りする外宮（豊受大神宮）を始め、14所の別宮、43所の摂社、24所の末社、42所の所管社があります。これら125の宮社全てをふくめて神宮といいます。」

神社本庁の発足は、「全国神社の総意に基き、本宗と仰ぐ皇大神宮の許に、全国神社を含む新団体を結成し、協力一致神社本来の使命達成に邁進し、以て新日本の建設に寄与せんことを期す」という昭和二十（一九四五）年に発表された「神社本庁憲章」に基づきますが、ここに記される「大神宮」は「伊勢神宮」を指しています。

そして、全国の神社から奉納される「天照大神」を冠したお札の初穂料のうち、半分は神社本庁の収入、残りは伊勢神宮の収入となると定められているのです。

それでは、なぜ、熱田神宮、明治神宮なども「神宮」と呼ぶのでしょうか？

それは、戦前の呼び方が残っているからです。

明治時代に国家神道という概念が政治に持ち込まれると、天皇、皇室の祖先神、それから大和政権確立のために功績があったとされる神様をまつってある神社の多くが「神宮」を名乗りだしたのです。

ただ、正式に「神宮」を称するには、内務省外局の神祇《じんぎ》院に申請して「勅許」をもらわなければなりませんでした。

また、戦後も、北海道神宮、兵庫県の伊弉諾《いざなぎ》神宮、福岡県の英彦山《ひこさん》神宮の三社は、神社本庁からの許可を得て、「神宮」を称することが許されています。

ただ、本来の意味から言えば、**「神宮」は、『日本書紀』からの歴史を持つ、伊勢神宮しかない**のです。

他の「神宮」は、どれだけ格式高く、どれだけ歴史があっても、「神社」であって、「神宮」ではありません。

それでは、「神社」とは何でしょうか？　それは、神社本庁の包括下にある「日本人固有の信仰対象となっている神をまつり、法的に存立を認められた礼拝施設」（『日本国語大辞典』）です。

その意味では伊勢神宮も神社の一つと言えます。

苦肉と皮肉

「肉」を含む故事成語はなぜか辛い意味が多い

同じ「肉」という漢字が使われていても、全然意味の違う言葉があります。たとえば「苦肉」と「皮肉」がそうでしょう。

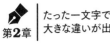

「苦肉」は「苦肉の策」のように使われますね。これは、今では**「苦し紛れの対策」**の意味で使われるようになってしまいましたが、もともとは、「肉を苦しめる」から派生した言葉で、「敵を欺く手段として、わが身を苦痛におとしいれてまで行う策謀」という意味からできたものです。

「皮肉」は「皮」と「肉」という意味で、「骨髄」に対して、比喩的に「うわべ」とか「皮相」を示すようになりました。
仏教用語に「皮《ひ》肉之《にくの》見《けん》」という言葉がありますが、「浅薄な考え」を意味します。これが**「遠回しの意地悪な言動」「あてこすり」「非難」**と派生して使われるようになったのです。

ところで、「ひにく」と読む熟語がもうひとつあります。「髀肉」ですが、「髀」は股《もも》の肉です。

『三国志』で知られる中国、三国時代の初めに生きた蜀《しょく》の劉備《りゅうび》（一六一～二二三）は、戦場を駆けめぐって活躍する場になかなか恵まれませんでした。長いこと馬に跨《また》がることがなかったために、彼の股は太って贅肉がついてしまったというのです。

劉備はひどくこれを嘆いたという故事から**「髀肉の嘆（たん）」**という成語が生まれました。

「髀肉の嘆」は「実力を発揮できずに、悔しく思う」という意味で使われます。

「苦肉」「皮肉」「髀肉」、同じ漢字の「肉」がついている言葉ですが、自在に使い分けができると一流の語彙力《ごいりょく》を持っている人と思われるようになるでしょう。

美女と美人

美しいのは女性だけとは限らない

「世界三大美女」。わが国では、クレオパトラ、楊貴妃《ようきひ》、小野小町《おののこまち》と言われました。

ただ、最近、「それぞれどんな女性だったか知っていますか」と学生に訊いたら、ほとんどの学生は下を向いて口ごもってしまっていましたが。

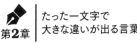

それはさておき、「美女」は「女」とありますから、当然「美しい女性」を示しますが、**明治時代頃までは「美人」は必ずしも「女性」を指したものではありません**でした。

江戸時代には、とくに容貌の美しい男子にも使いましたし、それから中国で使われた**「敬慕する君主や賢人、理想の君主、賢人」という意味で「美人」が使われました。**

中国の漢代（紀元前一世紀）から明代（十七世紀初頭）までは、「美人」とは「女官」を表していましたし、古代中国ではなんと「虹」の意味もあったのです。

ですから、本を読んでいて「美人」と書いてあっても、必ずしも「女性」とは限らないと思っていないと、文章を正しく理解できなくなってしまいます。

これと同様に、「子」という漢字が付くと、日本ではすぐに「女性の名前」と思ってしまいますよね。

筆者は、大学で奉職以来『論語』を学生に教えているのですが、数年前、愕然《がくぜん》としたことがありました。

一年分の授業が終わって、『論語』のレポートを課題に出したところ、ある学生が「孔子は偉大な思想家だと言われています。彼女が主張した思想は、時代を経て東アジア全体にひろがったのです」と、書いてあったのです！

「孔子」はもちろん女性ではありません。古代中国で使われた「子」は、「先生」を表す敬称です。

遣隋使の小野《おのの》妹子《いもこ》（六～七世紀、生没年不詳）も「妹子」と書いてはありますが、男性で「先生」というべき人物です。

「美人」同様、「子」が男性にも使われていたことは、古典を読む時には、知っていないといけない基礎知識です。

「を」の効果

強くものを望む時に使いたい表現

「ごはんを食べる」「電車を待つ」……日本語の場合、ふつう、目的とする言葉を示してから、それをどうするかという述語に繋がっていきます。

文法用語で、この「を」は、「目的格を表す格助詞」と呼ばれています。

でも、この「を」という小さな助詞、じつは、あってもなくてもいいものですね。

とくに、会話の場合には「ごはん　食べる」「電車　待つ」と言うことの方が、多いのではないかと思います。

これは、現代日本語に限ったことではありません。

奈良時代から、ずっと、目的を示す格助詞は、文章で書く場合でも、使われなかったことの方が多いのです。

ところで、少し古語っぽいニュアンスになりますが、文章語で使われる表現に、「ごはん　をこそ　食べたい」「電車　をこそ　待ちたい」といったものがあります。

これは、「ごはん」や「電車」という目的を、とても強調するために使われる表現です。

このように「を」がない文章、「を」がある文章、「をこそ」がある文章と三つ並べると、**目的とするものを強く望む「程度」が段々強くなっている**ことに気が付くかと思います。

さて、この「を」の正体は、なんなのでしょうか。

我が国の文法研究の第一人者であった松尾聡『古文解釈のための国文法入門』によれば、「を」は、もともと「ウォー」と発音する感嘆の声であったと言うのです。

「それをある語に添えれば、その語が特に強く示されるので、あることばを話すとき、目的とする語を強く示したい自然の要求から、目的語の下にしきりに添って用いられるようになり、そうした『を』はいつのまにか（おそらく中古に入る早々）目的をあらわす格助詞のような感じで固定してしまったのではないかと考えられる。したがって、一方、元来の間投（感動）助詞としての『を』は上代・中古を通じてさかんに用いられていた」

そういえば、学生が何度言っても教科書を開かなかった時、こんな言い方をします。

「教科書を開きなさい！　教科書を!!」

この「教科書を!!」の「を」は、なんだか、野生の叫びのような感動詞ではありませんか。

『万葉集』ではこの感動詞の「を」は、「乎」という万葉仮名で書くことがほとんどです。

この漢字は、漢文では、強調や感動を表す時に使われます。

そんなふうに考えてみると、なるほど、芭蕉の『奥の細道』の名句のひとつ、

五月雨《さみだれ》をあつめて早し最上川《もがみがわ》

の「を」がただの目的を示す格助詞などではなく、もっと強く荒々しいものに感じられてきます。

どうぞ、「五月雨ウォォォォォ」と力を込めて読んでみてください。

漫画の吹き出しに見えるような感じですが、次の「あつめて早し最上川」の意味が強く感じられるのではないでしょうか。

メールなどで、「今度、あの本、貸して！」とか「今度、あの本を貸して！」と書く場合、「を」があると「あの本」を際立たせることができます。

このニュアンスの違いを知って、「を」を使うか使わないかの判断をしてみるといいのではないかと思います。

戸籍謄本と戸籍抄本

記載するのは一部か全部か

「戸籍謄本」と「戸籍抄本」。婚姻届を出したりする場合、自治体によってどちらかを提出するようにと言われます。この二つの違いを説明できますでしょうか？

戸籍の「戸」は、古くは、家を単位とし、戸主およびこれと一家を構成する家族で編成されるものを指していう言葉でしたが、現在では、夫婦およびこれと氏を同じくする未婚の子で編成されるものを指して言われます。

そして「戸籍」とは「それぞれ一人ひとりの氏名、生年月日、相互の続柄などを記載して、本籍地の市町村に登録されたもの」を言います。

近代においては、明治維新後まもなく明治四（一八七一）年四月四日に、明治政府が全国を統一して同じ形式での戸籍を作ったのが初めてですが、現行の戸籍法は、第二次世界大戦後、民法改正に伴い、昭和二十二（一九四七）年に制定されたものがもとになっています。

それでは本題に戻ります。「戸籍謄本」と「戸籍抄本」はどのような違いがあるのでしょうか。まず「謄本」から説明しましょう。

「謄本」の「謄」は、「そのまま、そのとおりに写す」という意味です。つまり自分の父母兄弟など「戸主」を中心に**「戸籍」に登録されるすべての人の生年月日や続柄、本籍**などが書かれている書類なのです。

これに対して「抄本」の「抄」は、「一部分」を意味する漢字です。すなわち、戸籍抄本は**「戸籍」に記載されている人の「一部」**、特に本人に関わる事項だけを抜いて記載した書類なのです。

戸籍謄本、戸籍抄本は、基本的には戸籍が登録されている「本籍地のある市町村役所」でしかもらえません。これは、現在の居住地を登録する「住民票」とは違うからです。

退位と譲位

「皇位」が途切れないことを約束されるのは？

我が国は、今上天皇に至る百二十五代まで天皇の血統が絶えることなく続いていて、これをふつう「万世一系」と称しています。

「万世」は未来永劫血統が絶えることなく続きますように、との希望を込めた表現と言えるでしょう。

ところで、少なくともこの百二十五代の皇紀二千六百七十八年（西暦二〇一八年現在）の間に、天皇が不在だったことはないとされています。

それは、在位の天皇がたとえ崩御《ほうぎょ》したとしても、一日も空白がないように、次の天皇が即位するようになっているからです。

天皇の不在が一日たりともないとするならば、天皇の在位時に、次にその位が誰へ譲られるかが決定していないといけません。

現在の皇位継承については、皇室典範に「天皇が崩じたときは、皇嗣が直ちに即位する」と記されています。

今上天皇は、平成三十一年四月三十日に「退位」されるわけですが、翌五月一日に新天皇として皇太子徳仁《なるひと》親王が即位し、改元が行われるのに伴い、皇位継承第一位となる秋篠宮文仁親王が「皇嗣」となることが決まっています。

こうしたことが決まっているのに、あまりに多くのメディアが「**今上天皇の退位日**」という表現をしていることが、筆者にはどうにも気になります。

今上天皇はもちろん「退位」されることに間違いはありませんが、天皇の位を譲る相手がすでに決まっているのだから、「譲位」と言った方がより適当ではないかと思われます。

平成二十八年八月八日に行われた「象徴としてのお務めについての天皇陛下のおことば」には、どこにも「退位」や「譲位」という言葉は使われておりません。

しかし、最後に「……象徴天皇の務めが常に途切れることなく、安定的に続いていくことをひとえに念じ」とあることから考えれば、「退位」より**「譲位」と言った方が、国民の心にも「皇位」が途切れないことを約束される**という点で安心感も得られるような気がするのです。

見違えると見誤る

よく似ているけど、使い間違うと大事《おおごと》に！

パリの空港で日本に帰るための飛行機を待っていると、ある日本人の女性から声を掛けられました。

「もしかして、山口君じゃない！　見誤っちゃったわ!!」

びっくりしましたが、よくよくその女性の顔を見ると見覚えがあるような……。

「高校の時の同級生の、○○よ！」

言われてみれば、なんとなく思い出します……。

それにしても「見誤る」という言葉はおかしいですね。女性はこう続けます。

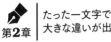

「知っているかどうか分からないけど、私、高校卒業してからすぐイギリスに留学して、イギリス人と結婚したのよ」

言われてみれば、彼女の日本語のアクセントはちょっとおかしいし、「見誤る」なんて言葉を使ってしまったのも分かるような気がします。

「見誤る」とは、「他のものを見て、そのものと間違える」という意味の言葉です。

たとえば「ぼくは、無邪気さゆえに、彼女のことを天使のような人だと見誤っていた」なんていう言い方で使います。実際は、「天使のような人」ではなく「悪魔のような人だった」ことを知って思わず口にする言葉です。

「見誤る」は「見損なう」の意味でも使われますから、「山口君じゃない！　見誤ったわ!!」と言われると、「見損なったわ!!」と言われているのではないかと、ショックを受けてしまいます。

これに対して、「見違える」はどうでしょうか？

たとえば、「彼は、ボランティア活動によって見違えるほど成長した」と言いますね。

べつに、ボランティア活動をする以前の彼がどうであったかを問題にしているわけではありませんが、**ボランティア活動を通じて、彼は素晴らしい人になった**ことを示す言葉です。

「見誤る」と「見違える」は、間違って使うような紛らわしい言葉ではないと思うのですが、最近、若い人のなかには「見間違える」を、このふたつと混同して使っている人が少なからずいるのです。

たとえば「彼女、ご主人の誕生パーティで、見違えてご主人の弟に誕生日のプレゼントを渡したのよ」という言葉を聞いた時、筆者は、まったく意味が分かりませんでした。

「だって、ご主人と弟さん、双子の兄弟で、そっくりだからね！」と彼女の友達が相《あい》槌《づち》を打つのを聞いて、なるほど、**「見違えて」**は**「見間違えて」**あるいは**「見誤って」**という意味で使いたかったのだと分かったのです。

よく似ているけど、使い間違えるととんでもない誤解を招く言葉も、結構たくさんあります。外国で長く暮らして、日本語に触れる機会が少なくなると、それぞれのニュアンスが分からなくなってしまうことも少なくありません。語感力を磨くには、やはり、いつでも音として母語を聞いたり話したりする訓練が必要なのです。

適切と適当

許容範囲は広い方がいい

国語の試験で、次のような設問を目にしたことはありませんか？

「傍線部の口語訳として最も**適当**なものはどれか。次のア〜オのなかからそれぞれ一つ選び、記号で答えなさい」

いわゆる五者択一方式ですが、そのなかで最も「適当なもの」を、選ばなくてはなりません。

さて、「適当」とはどういう意味なのでしょうか？　また、なぜこうした文章で、「適切なもの」としてはダメなのでしょうか。

現在、「適切」「適当」と書かれていますが、明治時代の初め頃までは、「的切」「的当」と書かれることがほとんどでした。

「的」と書くと、多くの人は「弓矢の的」を思い浮かべるかと思います。

しかし、もともとこの漢字は「**目立つこと**」あるいは「明らかなこと」を意味するものでした。

これが、「弓矢の的」の意味で使われるようになったのは、古代中国では弓矢の的の中心が白色で、そこが「目立って」見えるように作られていたからだと、魏《ぎ》の時代に作られた『広雅』という字書に記されています。

それでは「的切」とはどういうことなのでしょうか。「切」はするどい刃物で「バッサリ切る」ことを意味しますが、ここから転じて、「的切」は**明らかに切ったふたつの面がピッタリ合わさる様子**を意味するようになったのです。

今では、「ぴったりとあてはまること」「うまく適合すること」という意味で使われます。

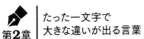

それでは次に「的当」の意味を考えてみましょう。

「当」は、漢文では「当《まさ》に〜すべき」と読む、再読文字と呼ばれる漢字として使われます。

これには、三種類の訳し方があります。

一、当然〜（す）べきである
二、〜（する）はずである
三、きっと〜（する）だろう

このうち「的当」は、**二番目の「〜するはずである」が相応しい**です。

ところで、「的」が「適」になったのは、まず漢字の発音が同じであったからですが、もうひとつ「適」に「目的に適《かな》う、合致する」という意味があるからです。

そうであるとすれば、冒頭で皆さんに尋ねた「傍線部の口語訳として、最も適当なものはどれか」の意味もおのずと分かると思います。

「口語訳として、**もっとも、明らかに目的に適っている**ものはどれでしょうか」という意味です。

これがもし、「傍線部の口語訳として、最も適切なものはどれか」だと、ちょっとニュアンスが変わってきます。

こう書かれていると、口語訳として、「完璧、完全に合致するもの」を五つの選択肢のなかに用意しておかなければなりません。**それは学説の違いなどもあって、かなり難しく、不可能に近い**でしょう。

だから、問題文では「適切」より「適当」がいいのではないかと思うのです。

第3章

〝ここ一番〟で使いたい!ビジネスで差がつく格上の言葉

どうも、どうか、どうぞ

ここ一番のお願いごとをする時に使いたい表現

日本語の中で、一番使い勝手の良い言葉は、「どうも」ですね。

「おはようございます！」の代わりに「どうも！」

「ありがとう！」の代わりに「どうも！」

「ごめんなさい」の代わりに「どうも！」

「どうも、どうも」と言って、一日終えることも可能です。

さて、この「どうも」という言葉、文法的に言えば、副詞の「どう」に、助詞の「も」が付いてできたものです。

奈良・平安の時代からあるような古い言葉ではなく、室町時代末期頃から使い始められました。

狂言「真奪《しんばい》」に、次のような会話が記されています。

――ハテ、今から縄をなふて間に合ふ物か

――どうも外《ほか》には御《ご》ざらぬ

これは「いろいろやってみても、どう考えても、何をどんなふうにしても」の意味で「どうも」を使った例です。

現代の日本語でも「どうも、うまく行かない」「どうも、飲み足りない」など表現をしますが、まさに、これです。

ところで、この「どうも」には、そうなった物事の原因が分からない、あるいは現実にちょっと疑念を持つ、というニュアンスが含まれています。

これは、とても日本的な曖昧模糊《あいまいもこ》としたものなのかもしれませんが、ここから、

「どう申し上げていいのか分かりませんが」とか「なんでこうなったのか分かりませんが」……「とりあえず」……「どうも！」と、挨拶に代わって出てくる言葉が生まれたのでした。

明治時代の初めに書かれた坪内逍遥《つぼうちしょうよう》（一八五九～一九三五）の『当世書生気質《とうせいしょせいかたぎ》』（一八八五～一八八六年刊行）に出てくる「いやどうも倉瀬君、寔《まこと》に失敬を致しました」という一文が、現代日本語で挨拶の代わりに使われる「どうも」の初出ではないかと考えられています。

さて、同じ副詞の「どう」に助詞の「ぞ」と助詞の「か」が付いてできた言葉もあります。

「どうぞ」と「どうか」です。

「**どうぞ**、お願いします！」

「**どうか**、お願いします」

この違い、皆さんはどんなふうに感じられるでしょうか？

「どうか」は、江戸時代末期になってから現れます。たとえば十返舎一九《じっぺんしゃいっく》の『東海道中膝栗毛』に出てきます。

「ここらが、どうか浅いようだ」という文章なのですが、もともとは、明確な根拠はなく、判断の基準もないけれど「なんだか」「どうやら」という意味で使われていたようです。

ここから、理想的な姿でもないがまがりなりに成立する、という意味で、現代語の「どうにか、こうにか」のような言葉として使われ始めます。

そして、現代語の「どうか」の用法が生まれてきます。

それは、**「無理かもしれないけど、どうか！　お願いを聞いてほしい」という依頼、懇願**の使い方です。

夏目漱石の『坊っちゃん』に「どうか置いて下さいと何遍も繰り返して頼んだ」と出てきます。

これに対して「どうぞ」という言葉は、これは室町時代末期の狂言「八幡前《やはたのまえ》」などに出てきます。

「是に談合いたひたらは、どふぞなされて下されぬ事は有まひ」、すなわち「ここで話しあいが付いたのですから、どうぞ、なんとか、決めたことを為されないということはありませんでしょう」というような意味になります。

この「どうぞ」には「手段を尽くして、なんとか」という意味が含まれています。

ただ、「どうか」と「どうぞ」には、ひとつだけ、用法で違うものがあります。

それは、相手に物事を勧めたり、許可を与えたりするのに「どうぞ」とは言っても「どうか」とは言わないことです。「どうぞお酒を召し上がって下さい」と言いますが、「どうかお酒を召し上がって下さい」ではなんだか不自然ですね。

この「どうぞ」の言い方は、江戸時代末期から明治時代になって生まれました。為永春水《ためながしゅんすい》の『春色梅児誉美《しゅんしょくうめごよみ》』(一八三二〜一八三三年刊行)に「どうぞこちらへお出でなすって」と書かれています。

さて、「どうぞ」と「どうか」の、違い、お分かりになりましたか?

何か人にお願いをする時に使う場合、どちらを使っても間違いではありませんが、

「どうか」の方は、「無理かもしれないけど、どうしてもお願いを聞いて欲しい」という意味で使われ、「どうぞ」の方は「手段を尽くして、なんとか、お願いします」という意味が込められているのです。

嘆願する時の程度の差から言えば、**「どうか」の方が、「どうぞ」に比べて、無理を承知で頼み込む意味合いが強い**のではないでしょうか。ですので、ここ一番のお願い事を聞いてもらいたい時は、「どうか」を使ってみてはいかがでしょうか。

「どうも！」で「おはようございます」の代わりを使い、「どうか、そこのところをなんとか！」とお願いし、接待して「どうぞ、どうぞ」と顧客にお酒を勧める……日本の高度成長期のサラリーマンが使っていた言葉は「どうも」「どうか」「どうぞ」みたいなイメージがあるのですが。

伏して、曲げて、是非

気持ちよく「ＹＥＳ」を引き出す決め手のフレーズ

「先生、単位を下さい。すでに就職も内定しています。ただ、先生の単位がないと卒業ができません。お願いします。何でもします。伏して、曲げて、是非、単位を下さい。お願いします」

最近は、少なくなりましたが、以前は、大学の卒業判定間近の二月や三月になると、こんな手紙やメールをよくもらっていました。

最近こういう嘆願は、めっきり少なくなってきています。

それは、出席率が悪い学生がいると、何度も保護者や本人に手紙やメール、電話を掛けて、学生の生活態度をチェックしているからです。

さて、本題の嘆願の言葉に入りましょう。


「先生、単位を頂きたく存じます。**伏して**お願い申し上げます」

「先生、単位を頂きたく存じます。**曲げて**お願い申し上げます」

「先生、単位を頂きたく存じます。**是非**お願い申し上げます」


この三つの「お願い」を見て、皆さんが、単位を出す側の教員だったとしたら、どういう印象を持ちますか？

「曲げて」とか「是非」と言われると、筆者は、「あなたには、単位を認定するわけにはいかないのですよ」と答えざるを得なくなってしまいます。

順番に説明しましょう。単位認定には、「授業の出席」を前提にしたレポート、発表、授業中試験、期末試験などをクリアしていないといけないという規定が前もって示されています。

学生がクリアしていないのに**「規則」や「規定」を、教員がその人だけのために「曲げて」**単位を認定することはできません。ひとりのために「曲げて」しまったら、他の人に示しがつかないからです。

それから「是非」は、「あまり使うな」と、筆者が漢文を習い始めた頃に教えてもらいました。

「是非」は「是が非でも」と漢文訓読できる言葉です。「是」は「正しいこと」、「非」は「誤り、間違い」です。つまり、「是非」は、**「正しくても間違っていても」**という意味になります。

「是非、単位を下さい」という表現は、「正しくても間違っていても、どうでもいいから、とにかく単位をくれよ」といったあまりにも一方的でぞんざいな嘆願に聞こえてしまうのです。

どうしても、単位が欲しいのなら、「伏して、お願い申し上げます」が一番適当なのではないでしょうか。

「伏して」は文字通り床の上にひれ伏す、の意味です。つまり、「伏して、お願い申し上げます」は**平身低頭して、相手に謹んでお願い申し上げる、**というニュアンスを持たせることができます。

これなら、畏《かしこ》まった態度で、「私の態度や私の試験の結果があまり**よくなかったことは重々承知**致しております。できればレポートや追試験などを課して頂いて、単位認定をして下さいますよう、**謹んで**お願い申し上げます」という気持ちも伝わってきます。

もちろん、「曲げて」「是非」「伏して」というお願いの仕方は、学生の単位認定だけに使われる言葉ではありません。取引先に何かお願いをするときにも使われる言葉です。

前述のとおり、「曲げて」は、相手の信念や決まりを「曲げて」でも自分のお願いを聞いてくれ、といったニュアンスが含まれています。「是非」と言えば、「とにかく頼むよ」という意味で取られて、かえって嫌な思いを相手に与えてしまうかもしれません。このふたつの言葉は、極力、使わないに越したことはないのです。

いただくとたまわる

なぜ「たまわります」ではダメなのか？
食事のあいさつは、

数年前、給食で、子どもたちに「いただきます」と言わせるのはいかがなものか、と週刊誌やテレビで取り上げられたことがありました。

そもそも、給食で「いただきます」というのは誰に対して言う言葉なのか。給食を作ってくれている人に対してなのか、作物を作ってくれる農家の人に対してなのか、それともなにか「神様」とでも呼ぶべきものに対してなのか……給食費を払っているのだし、先生に対してというのもおかしいいし、「いただきます」という挨拶は、必要ないのではないかという議論でした。

さて、「いただく」という言葉ですが、もともとは身分の高い人から物をもらう時、高く捧げて受けることから、「もらう」の謙譲語として発達しました。

「謹んで、有り難く、恭しく頂く、頂戴する」といったニュアンスです。


ところで、「いただく」とよく似た言葉に「たまわる」があります。

漢字では「賜る」とか「給わる」とも書きますが、「ご愛顧をたまわる」「お言葉をたまわる」「ありがたい機会をたまわる」といった表現をよく使いますよね。

でも、食事の前の挨拶で、「いただきます」とは言っても「たまわります」とは言いません。これはいったいどういうことなのでしょうか。

分かりやすく説明しましょう。

「いただく」と「たまわる」には、それぞれ、**主体が置かれるのが誰か**という違いがあります。

「いただく」の方は、つねに「自分」が主体です。食べ物でもなんでも、自分の気持ちとして、感謝の気持ちを伝える謙《へりくだ》った言い方をする時に使います。

これに対して**「たまわる」という言葉の主体は、「くれる」人**の方にあります。

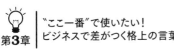

「ご愛顧」をくれるのは、取引先でしょう。
「お言葉」をくれるのは、社長や先生やその他、だれか目上の方でしょう。
「ありがたい機会」をくれるのは、神様かもしれませんし、社長や部長など自分より力のある人や位が上の人に違いありません。

日本語の上で、尊敬語、謙譲語を考える時には、いつも、誰が誰に対して行っていることなのかという「主体」を考えると分かりやすくなります。

食事の前に「たまわります」というのがおかしいのは、食べる主体が、他人ではなく、自分だからなのです。

食べ物には限りませんが、**自分が受け取ることに対して感謝の気持ちを持つ場合には「いただきます」というのが正しい**言い方になるのです。

答えると応える

相手のニーズを汲み取る力が問われる

漢字の書き分けは、とても難しいものです。

日本語は、同音異義語、つまり同じ発音をする言葉であっても、意味が異なる言葉が少なくありません。

たとえば「かなしい」と言っても、「悲しい」と「哀しい」とでは、意味はまったく違います。

「悲しい」とは、「非」と「心」が合わさって作られた漢字ですが、これは「人が背中合わせ」になっていること、つまり、**人と意見が合わなかったり、喧嘩をしたりし**

て、「かなしく」思うことを表します。

これに対して「哀しい」という漢字は、「口」と「衣」が組み合わさってできています。これは、**人が亡くなったりして、衣で口元を隠して嗚咽（おえつ）を漏らすような「かなしさ」**を言います。

さて、同じような同音異義語に「答える」と「応える」があります。

どちらも「こたえる」と読みますが、入試問題などでは、「次の問題文を読んで、以下の問いに**答えなさい**」と書いてあって、「**応えなさい**」とは書かれません。

これに対して、「お客様のご要望に応えるようにしてください」は「答えるようにしてください」とは書きません。

このふたつの違いを漢字の成り立ちから考えてみたいと思います。

まず、「答」は、古く、紀元前千年頃に作られた青銅器などには多く「合」と書かれていました。本来、器にぴったりと合う「蓋《ふた》」を意味し、そこに竹冠が付いて、竹の「節」のようにきちんと「合致する」ことを表すようになったのです。

ですから、入試問題などでも「質問」に対してそれに合致する「答え」が要求されるのです。

それでは、「応」の方はいかがでしょうか？

これは「応対」という言葉で説明できるかと思います。「応対」は熟語では「おうたい」と読みますが、漢文訓読すれば「応に対《まさ》すべし」とも読むことができます。

また、最も古く漢字の語源を書いた『説文解字』には「言を以て対すること」、つまり「言葉を用いて、相手にこたえること」と記されています。

不手際や失礼がないように「応対」しなければならないのは当然なのですが、その応対は、年齢の差、地位の差などに応じて、適当に「言葉」でこたえることをいうのが「応える」ことなのです。

そうであれば、先に挙げた「お客様のご要望に応えるようにしてください」という言葉も、その意味が分かるのではないでしょうか。

ここで「お客様のご要望に答えるようにしてください」と書いてしまうと、お客様の要望ひとつひとつに、合致するように何かをやっていかなければならないことになってしまうのです。

そうではありません。**お客様ひとりひとりのニーズや要望に臨機応変に「対応」する**、すなわち「**応える**」が適切なのです。

同行と随行

一緒に行った人の〝格〟を上げるのは？

「社長に同行してアメリカに行って参りました」と言うのと「社長に随行してアメリカに行って参りました」と言うのとでは、どちらが正しいのでしょうか。

「同行」は「連れだって一緒に行く」ことを意味します。「同行」には「どうあん」という禅宗ならではの読み方もあって、これは「一緒に修行をする人」のことをいいます。

同じ仏教でも真言宗であれば、お遍路の際に、いつも弘法大師がまるで父親や友達のように一緒に歩いて下さっているのだという考えから「同行二人《どうぎょうににん》」と書いたりもします。

これに対して、「随行」は、どんな時に使われるのでしょうか。

たとえば、

「この意見には、将軍に随行しようとしていた大身たちも、賛成した。そうして義昭は移転を思い止まった。（和辻哲郎《わつじてつろう》『鎖国日本の悲劇［下］』）」

「右の歌は、文武天皇の、大和から難波離宮への行幸に随行した折の作である。（大岡信《おおおかまこと》『名句歌ごよみ［冬・新年］』）」

のように、「天皇や将軍などの偉い人に付き随《したが》って行く」ときに使われています。

ここからすれば、**「同行」は親しい関係の人に使う言葉、「随行」は、位や階級などの高い人に使うもの**だと分かります。

これは「随行」の類語を探してみるとより深く分かります。とくに、天皇に「随行」する人を「随身《ずいじん》」と言い、また「随行」も天皇に対しては「随従」あるいは「扈従《こしょう》」と言い換えます。

ただ、今では、

「特派員団のキャップとして中曽根に随行、勇躍現地に乗り込んだ。」

「日本では『善意弱者志向のマスコミ』にあらぬ火をつけないために、外務省、大蔵省はサミット事前レクで随行記者団にブリーフィングせず、報道されなかったのである。」（いずれも、日本記者クラブ会報所載「G8首脳たちの素顔―サミット40年の取材秘話（玉置和宏）2014年7月」より）

のように、政府関係の視察や訪問に関しても「随行」は使われています。

しかし、「随行」は「行くのに随う」と読むのですから、一緒に行っても別に、その人と一緒に何かをする必要はありません。**「同行」は、修行でもなんでも、やはり、一緒に行った人と何かをやる**ことに重きが置かれているのです。

さて、最初の質問にお答えしましょう。

もし、一緒にアメリカに行った社長が、自分の父親ほどの年齢で、社会的地位も高い人であり、自分が特別何かをやったという意識がないのであれば「随行」を使った方がいいのではないでしょうか。

企画と計画

子どもの「図画」は、ただの遊びではなかった!?

「企画力がある（ない）人」という言葉を聞くことがあります。

これに対して「計画力がある（ない）人」という表現は、ちょっとおかしく聞こえます。ふつう「計画」の場合は「力」ではなく「計画性」という言い方をします。

日本語は本当に難しく複雑だと思いますが、辞書を見るとさらに混乱してしまうことになります。


小学館『日本国語大辞典』（第二版）を引いてみましょう。

「企画＝計画を立てること。また、その計画。くわだて。もくろみ。企図」とあります。

「計画＝ことを行なうため、まえもってその方法などを考えること。もくろみ、くわだて。はからい。企画。経画」

「企画」という言葉を探せば「計画」と書かれ、「計画」を探せば「企画」と出てくる……これでは、どんなふうに使い分ければいいのかも分からなくなってしまいます。

「企画」と「計画」、同じ「画」という漢字が使われていますが、そもそも「画」とは何を表すものなのでしょうか。

「画」と書くと、子どもの「**図画**」「お絵描き」を思い出します。それに「絵画」もありますね。

「画」は、旧字体では「畫」と書かれました。「筆」を表す「聿」に「田」「一」の組み合わせです。

新字体の字には「筆」は書かれませんが、この新字体も、じつは古く甲骨文字で使われたものが利用されています。

それは真ん中に「田」を書いて、その四方に「二」を書いたものです。
これは、「田」の廻《まわ》りを「線で区切って境界線を入れる」ことを表したものなのです。

すなわち、「線を入れる」ことの意味が「絵を描く」という意味に転じたのです。
書道で「点画《てんかく》を入れる」と表現をしますが、これは読んで字のごとく「筆で点や線を入れる」ことを意味しています。

また、「画」という漢字の古い読み方を平安時代の辞書『類聚名義抄《るいじゅみょうぎしょう》』で調べると、「はかる」「はかりごと」という意味が出てきます。これは「策略」「謀略」の「略」とも通じるのですが、「略」にも「田」という漢字が使われていますね。

じつは、この**「田」は、「はかる」と読む「図」と同じ意味**を示しているのです。『漢書』には「願わくは、大王、画《はかりごと》を審《つまび》らかにせよ」として使われています。

さて、それでは「企画」とはどういう意味の言葉なのでしょうか。

「企」は「くわだてる」と読む漢字ですが、成り立ちから言えば、本来、人が爪先立ちをしている状態を描いたものでした。「止」は「足」を表しています。そこから、まさに何かをしようとして準備をしている様子を意味するようになりました。

とすれば、**「企画」は、「はかりごとを準備する」**という意味になるでしょう。

それでは「計画」とは何でしょうか？

「計」という漢字の「十」は、「たくさんのものをひとつに纏《まと》める」ことを意味します。それに「言」がついて「ものごとを繋《つな》ぎ集めて数量の出入り、多少を調べる」、あるいは「ものごとを集めて、善し悪しや方法を考える」という意味になります。

すなわち、**「計画」とは「はかりごとについて、善し悪しを考える」**とか**「どうすればうまく行くか、その手順を考える」**ことを意味します。

「企画」が「準備すること」、**「計画」が「手順を考えること」**であるとすれば、それぞれ「準備する能力」で「企画力」、「手順を考える性能」で「計画性」が適当であることもお分かりいただけるのではないかと思います。

成功するためには「企画力」だけでなく「計画性」や「実行力」も求められます。

そのためには、その企画や計画をまずは「画」に描く必要があります。そう考えると、子どもの時の「図画」も、ただの遊びではなかったのだと思わずにはいられません。

栄誉と名誉

数あるものの中から選ばれたのは？

昭和五十二（一九七七）年、福田《ふくだ》赳夫《たけお》元首相によって創設された「国民栄誉賞」という内閣総理大臣表彰があります。

第一回の受賞者は、通算本塁打数七五六本の世界新記録を達成したプロ野球選手・王《おう》貞治《さだはる》です。

実のところ、それまで学術と文化振興に貢献した人に与えられていた内閣総理大臣顕彰を、スポーツにも対象を広げる狙いで新しく創設されたのが「国民栄誉賞」で、その枠を広げるのに寄与したのが、王さんの世界新記録だったというわけなのですが。

必ずしも毎年誰かが表彰されるわけではなく、最近では二〇一三年に野球選手・松井《まつい》秀喜《ひでき》、二〇一六年に女子レスリング選手・伊調馨《いちょうかおる》らが受賞しています。

ところで、映画の世界ではアメリカのアカデミー賞に「アカデミー**名誉賞**」があります。

第一回の受賞は、一九二八年にチャーリー・チャップリン、一九八九年には第六十二回の受賞者に日本人として初めて黒澤明《くろさわあきら》が選ばれています。ちなみに、黒澤明は、一九九八年に国民栄誉賞も受賞しています。

「栄誉賞」と「名誉賞」、それぞれ賞こそ違うとしても、たくさんの人が、「素晴らしい」とほめている点では共通しています。それでは価値が高い、低いといった違いがあったりするのでしょうか？

そもそも「誉」という漢字は旧字体では「譽」と書かれました。「言」を除いた部分は、「四本の手で高く持ち上げている様子」を表しています。「言」を付けると「**た**

くさんの人が言葉を合わせて持ち上げ、ほめそやす」様子を示しています。

また、「栄」という漢字は、旧字体では「榮」と書かれていました。上部の「火」と「ワ冠」は「かがり火を焚《た》いて取り巻いていること」を意味します。それに「木」が付いて、「花が木いっぱいに咲いていること」「華やかに咲いた花のようにさかえていること」を表します。

以上のことから「栄誉」とは「**満開の花のように咲いた人のことを、みんながほめる**」ことになるでしょう。

一方、「名」は、「夕暮れ」を表す「夕」と「口」とが合わさって作られています。

これは、もともとは、「夕暮れのような薄暗い闇《やみ》のなかで、自分の存在を声で告げること」を意味していました。

それが「よく分からないものを、分からせる」「たくさんあるもののなかから、際立たせて、それと分からせる」という意味へと転化したのです。

ここから考えると、「名誉」とは、「**数あるものの中から、これこそは！　というものを指名して、みんなでほめること**」を意味しているのです。

どっちがいいとか悪いとかの違いはありませんが、「栄誉」と「名誉」の意味はちょっとニュアンスが違うところがあるのです。

ところで、日本国憲法の前文には、「日本国民は、国家の名誉にかけ、全力をあげてこの崇高な理想と目的を達成することを誓ふ」との一文が記されています。

この場合の名誉とは「社会的に承認された価値、そしてそれに対する自覚」あるいは「面目」「体面」を意味します。

「国家の名誉」、我々は、今一度、真剣にこれを考えないといけない時期に立っているのかもしれません。

了解と諒解

この一文字で、相手への敬意がぐっと伝わる

学生にメールで連絡をすると、ほとんどの場合「了解です」と答えが返ってきます。

返事をしてくれないよりはありがたいのですが、筆者は、就職を控えているのだから、「**了解**」と使いたいなら「**諒解**」と書くようにと指導しています。

それは、「了」の本来の意味が、あまりいいものではないからです。

「了」の字は、ものがねじれた形を表しています。

終結する、悟るといった本来の意味のほかに、この字そのものに、垂れ下がる、も

つれる、という状態を表す意味合いが含まれていました。また、「子」という字の「両肘がない状態」を表しているともいわれます。

衣服がだらりと下がっている状態のことを「了鳥《りょうちょう》」と言ったり、あるいは、男性の陰茎そのものを、その形状から「了」と書き表したりすることもあります。

いずれにしても、せっかく、「物事を理解しました、分かりました」とお伝えしたい時に、わざわざ使わなくてもよい漢字ではないか、と思うのです。

「はじめに」でも書きましたが、「了解」は軍隊で使われるような言葉ですから、ビジネスだったり、学校で使うのは相応しくありません。

どうしても「りょうかい」という言葉を使いたいのであれば、意味は全く同じですが、漢字の異なる「諒解」を使うことをお勧めいたします。

たとえば、「次の授業での発表が『史記』についてとのこと、諒解いたしました」と表記すれば、「承知いたしました」「かしこまりました」と同様に、「分かりました」の丁寧な言い回しとして安心して使うことができます。

「諒」の字には、明白なこと、明らかにする、という意味があり、**「諒解」は、事柄**

や内容をはっきりと悟ること、事情を汲み取って承知すること、納得して認めることであり、「了解」と同じ意味でも、そこに相手を敬ったニュアンスを持たせることができるのです。

それから、ビジネスマンであれば、「諒解」よりも**「拝承しました」「拝承致しました」、**あるいは**「承知しました」「承知致しました」**という言い方も身に付けている方がいいのではないかと思います。

「承知」の「承」は、今の漢字の形ではよくは見えませんが、古くは、左右に「両手」を捧げ出し、そして真ん中の下の部分にも両掌《りょうてのひら》が書かれていました。畏《かしこ》まって両膝をつき、厳かに与えられるものを受け取っているという人を表したのです。「承」を「うけたまわる」と日本語で訓読するのは、じつは、そういう意味があったのです。

また「承知」の「知」は「矢」と「口」からできています。これは、「矢のように、まっすぐ物の本質を言い当てる」ことを意味しました。そこから、「直観的に、物事を受け止める」の意味も表すようになりました。

「承知」とはすなわち、与えられた命令やお願いなどを、直観的に知って、しっかりと畏まって受け止めることなのです。

また「拝承」の「拝」は、「両手」を描いたもので、これも、両手で恭しく物事を受け止めることを意味します。

上司や先生、顧客から頼まれたことなどに対して、「了解」と書くと、軍隊用語のような気がしたりして命令を受けるというニュアンスになりかねません。

それよりも、「両手で恭しく、畏まって受け止める」という意味の「拝承」や「承知」を使った方が、ていねいでもあり、聞いている方としても気持ちがいいのではないかと思うのです。

敏腕と辣腕

バリバリやるか、テキパキこなすか

「できる！　ビジネスマン！」と言われたい方、「できる」という稚拙な言葉を使っていては「できる！」うちには入れません。

ビジネスマンとしてバリバリ活躍したいのであれば、「敏腕」か「辣腕《らつわん》」と呼ばれる人を目指しましょう！

まず、「敏腕」から説明しましょう。「敏」という漢字は、人名でもよく使われます。「毎」は、もともと「草がどんどん早く生える」ことを象《かたど》った象形文字です。そして、それに「動詞」を意味する「攵」が付けられています。

「敏」とは、「人が休みなく、どんどん働く」というのがもともとの意味なのです。

たとえば「敏行」という名前がありますが、これは、「怠けることなく一生懸命に努力、行動すること」を意味します。

したがって、**「敏腕ビジネスマン」とは、「どんどん、休みなく、一生懸命に腕を鳴らして働いているバリバリのビジネスマン」と言えるでしょう。**

それでは「辣腕ビジネスマン」とは？

「辣」は、「辛辣」という言葉でも使われます。あるいはラーメン屋さんに行くと真っ赤な「辣油」が置いてあったりします。

「辣」という漢字にある「辛」は、「味がピリッと辛い」ことを示しています。

そして、「辣」の右側の「朿」は、「刺」の略体で、「チクリと刺す」ことを意味します。

このふたつを足すと「ピリッと辛くてチクリと刺す」との意味になりますね。まさに「辣油」は、こうした味を出すための調味料でしょう。

ところで中国語で「辣手」という言葉があります。これは、日本語なら「凄腕」と訳されるものですが、「すばしっこく、えげつない腕前」また「**きびしいやり方で、テキパキと事を処理する能力があること**」を表します。

さて、皆さんは「敏腕ビジネスマン」「辣腕ビジネスマン」のどちらを目指されるのでしょうか。

「どんどん、休みなく、一生懸命に腕を鳴らして働いているバリバリの敏腕ビジネスマン」か「きびしいやり方で、テキパキと事を処理する能力のある辣腕ビジネスマン」か……。

しかし、最近はそれを目指さず、ビジネスよりもむしろ家庭や、自分の時間を大切にしたいという人たちが増えていますね。

時代はどんどん変化していきます。人工知能（ＡＩ）が発達していけば、ビジネスの概念もきっと変わっていくでしょう。

そうなると「敏腕」や「辣腕」という言葉も死語になってしまうのかもしれません。

美文、名文、達文

〝本当にいい文章〟の必須条件

昔、谷崎潤一郎《たにざきじゅんいちろう》（一八八六〜一九六五）の『文章讀本』を読んで、どうやったらいい文章が書けるようになるのだろうかと考えたことがあります。

この本で、谷崎は「文章とはなにか」「文章上達法」「文章の要素」について詳しく考察しています。

ところが、こんな本を読んでも、一向に文章は上達したりはしません。

谷崎は、じつは、日本語の文章を書くために、日本語を一度、英文法を頼りに翻訳し、それを日本語に訳すという複文の方法を課して、日本語になおしているのです。

こんなことをした小説家は、谷崎だけではありません。

たとえば、有島武郎《ありしまたけお》（一八七八〜一九二三）もおなじことをやっているのです。有島は、小説だけではなく、手紙などもまず英語で書いて、日本語に翻訳しました。子どもの頃から英語に浸かって育ち、長くアメリカに留学したために、日本語を書くのに時間が掛かることが大きな理由だったと言われています。

これは、候文《そうろうぶん》などが文体として残っていた時代、「言文一致」を目指していた作家の努力の表れで、だから、今の時代にこんなことをやっても、文章がうまく書けるようになるわけではないのです。

さて、本題に移りましょう。「いい文章」を表す熟語に、美文、名文、達文があります。

美文は、もともと中国の六朝時代にあった「駢儷文《べんれい》」、つまり**内容はほとんどないのに、古典の典故ばかりを使い美辞を対句で並べ立てて書かれたもの**を指す言葉でした。貴族だけが文章を書くことができた時代は、きっとこうしたものが有難がられたのでしょう。

ですから、貴族が力を持っていた時代が過ぎ去ると、美辞麗句《びじれいく》で飾り立てた内容のない文章はダメだと批判されます。

素朴であっても骨太の内容があり、人の心にグサッと突き刺さるような文章を書くべし、との機運が高まるのです。

読めば涙を流すほどに人の心を捉える文章……これは、達意の文章「達文」と呼んでいいのではないでしょうか。

それでは、「名文」とは？　これは、**古典の文章**のことです。古典の中でも、たとえば我が国のものを挙げるとすれば、吉田兼好《よしだけんこう》（生年不詳〜一三五〇年頃）『徒然草《つれづれぐさ》』、世阿弥《ぜあみ》『風姿花伝《ふうしかでん》』、松尾芭蕉『奥の細道』などでしょう。

何度読んでも、読む度に心を動かされて、心のなかに染みわたる。時代を超えて心の栄養となるような文章をこそ、名文と呼ぶのではないかと思うのです。

第4章

申し訳ない気持ち、伝えづらい気持ちを表現する言葉

謝罪と陳謝

「謝」に本来、「わびる」意味はなかった

最近、よく会社の不祥事が発覚して、記者会見を開いて、社長以下役員や幹部が一斉に頭を下げている場面を本当によく目にします。

フランス人の妻は、これを見る度に、「これは、江戸時代だったら、武士が切腹をしたり、お家断絶を言い渡されたりするのと同じことなのか」と必ず、筆者に訊くのです。

フランスではもちろん、中国でもこんなシーンを見ることは決してありません。ないどころか、明らかに自分が悪いことをした場合でも、彼らは「私が悪かった」と謝ることはありません。そんなことを言えば、必ず責任を取らされるからです。

夫婦げんかでも同じ。筆者がすぐ謝ると、「自分が悪いことをしたと思っていないのに、なぜ謝るのか?」とまたさらに怒り始めます。

「そうやって、その場しのぎで、謝っているだけだ」と言うのです。筆者としてはそんなつもりなどまったくないのですが。

さて、「謝罪」と「陳謝」ですが、まず「謝」について考えてみましょう。

「謝」に、本来は「あやまる」の意味はありません。もともとの意味は「辞去する」、つまり別れの言葉を告げて去ることを意味するものでした。

この「去っていく」ことから「代謝」のように、代わりながら変化していく、といった意味が表れてきたと考えられています。

ところで、「謝罪」というと、日本語では「罪をわびる」ことを意味する熟語ですが、じつは、中国の古典では、そんな意味はないのではないかと、筆者は思っているのです。

それは「感謝」という熟語を例に考えれば、よく分かるのではないでしょうか。「感謝」は、「感激して言葉を述べる」との意味であって、「感激して謝っている」といった意味はありません。

「謝罪」も「**罪を得たこと、あるいは自分が犯した罪に対して、言葉を述べる**」ことが本来の意味なのですが、我々日本人は、これを日本的な感覚で翻訳して「自分が犯した罪に対して、ごめんなさいと謝る」と捉えているだけなのです。


それでは「あやまる」という日本語の語源は何なのでしょうか？

諸説ありますが、これは「誤る」から「誤りを認める、誤りを赦《ゆる》すことを請う」という意味に変化した言葉だと解釈されています。

さて、それでは「陳謝」はどうでしょうか。学生に「陳謝」の意味を聞くと、「『謝罪』よりもっとていねいに謝ること」といった答えが多く返ってきます。

この「ていねいに」が何を意味しているのかが具体的に分かっていればいいのですが、なかなか学生たちは、それをうまく伝えてくれることがありません。

「陳」は「陳《の》べる」「陳述する」という言葉で使われますが、「言葉をいっぱい並べ立てて言う」ことを意味します。

つまり「陳謝」は、**「あれこれどんどん言葉を述べ連ねて、自分の誤りを認め、誤りを赦してくれることをお願いする」**という意味なのです。

しかし、今となっては、「陳謝」の意味をそのように理解している人はほとんどありません。

してみれば、学生たちが言う「ていねいに、いろいろと理由を述べて、謝る」という意味でも間違いなのではないかと思います。

それにしても、日本人のまずきちんと謝るという習慣は、優しくもあり、美しくもあると思いますが、これから社会のグローバル化が進み、だんだんとこうした文化も薄れていくことになるのでしょうか。

無念と遺憾

「残念に思う」表現は多種多様

時代劇を観ていると、よく「無念」という言葉を耳にします。

「あの悪代官に骨の髄まで搾り取られ、無念の思いで死んで行ったにちげぇねぇ」……などと、聞いたことはないでしょうか。

「無念」は、現代の小説でも使われないことはありませんが、なんとなく、ちょっと古い言葉のような気がするのは筆者だけでしょうか。若い作家は「無念」より「残念」を使っている気がするのですが。

時代劇で耳にする「無念」は、「悔しいこと、口惜しいこと」といった意味で使われます。

井原西鶴《いはらさいかく》の『好色五人女』にも「さてもさても、わが身ながら、世上のそしりも無念なり」とあります。

ですが、この言葉、じつは仏教用語がもとで、本来なら「執着のない正しい思い」「すべての想念を離れること」「無想」といった意味で使われる言葉だったのです。

それが正反対の意味で使われるようになったのは、南北朝から室町時代に掛けて、「無念を散ずる」という用法が登場したためです。

「無念を散ずる」は、文字通りに取れば「執着のない正しい思いをなくす」ことなので、ここから「悔しさ、口惜しさ」といった意味が「無念」という言葉自体に付加されてしまったのです。

江戸時代初期に編纂《へんさん》された『日葡辞書《にっぽじしょ》』には「無念を散ずる＝復讐する、つまり、恨みなどを晴らす」と記されています。

一方、「遺憾」は漢文訓読すると「憾《うら》みを遺《のこ》す」となります。

「憾」は、「心に大きなショックを受けること」を表す漢字です。具体的には「残念に思う気持ち」であったり、「しまった！　と強く感じること」を意味します。そんな気持ちが「ずっと遺る」ことから転じて、「思い通りにいかないで、心残りに思う」の意味で使われます。

たとえば、夏目漱石の『吾輩《わがはい》は猫である』にも「逐一、之を読者に報知するの能力と根気のないのは甚だ遺憾である」と書かれています。

以上からすれば、「無念」と「遺憾」、「残念だ」という意味では、どちらも似たような感じがするかと思います。

ただ、無念には「むねん」ではなく「ぶねん」と読む江戸時代の法律用語があります。

これは、「予見できたにもかかわらず、不注意で過失を犯した場合に罪を重くする」ことを示します。

すなわち、**「無念」は「考えが足りないこと、不注意であったためにあとで悔しく思うこと」**「気が付かなかったためにあとで残念に思うこと」を表現しているのです。

これに対して、**「遺憾」は、「不注意であろうがなかろうが、思い通りに物事が行かないで残念に思ったり、悔しく思うこと」**を示しています。

このように「残念に思う」という意味の類語、調べてみると日本語にはとても多いことに驚かされます。

「残念」「無念」「慚愧《ざんき》に堪えない」「忸怩《じくじ》たる思い」「やるかたない」「心残り」「後ろ髪をひかれる」……演歌の世界の言葉を探すと、いっぱい出てくるのです。

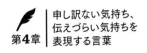

我慢と辛抱

迷いを消し去って耐え忍ぶ心が未来を開く

仏教には、人間のあらゆる面から「煩悩」を分析してさらけ出し、それを断ち切れと教える思想があります。

「我慢」も、本来、仏教の「七慢」と呼ばれる煩悩のひとつで、「自分自身に固執して、他人を侮ること」をいうのだそうです。

「辛くても、我慢しなさい」「我慢して、頑張っていれば、いずれきっといいことがあるよ」などと言いますが、仏教的な意味からすれば、そういう「我慢」は、人を侮ることに繋がって、決していいことではないのです。

「慢」には、「あなどる」という読み方があります。「慢」の右側「曼」は、目を覆い隠すことを形にしたもので、「周りが見えないこと」を表します。これに「忄(心)」が付いて、「周りのことを考えることのできない心」、つまり「自分のことばかりで、人のことをまったく考えられないこと」を意味しているのです。

「慢心」は「うぬぼれ」と訳される熟語ですが、まさに「増長しきった気持ち」「自分のことを心のなかで自慢すること」を意味します。決していいことではありません。

ところが、本来はいいことではないことも、乱世を生き抜くためには必要不可欠な要素となることがあります。「我意を張り通す心の強さ、強情な態度」です。「我慢」という言葉は、南北朝時代から室町時代の動乱の時代に、「**自分の弱さを見せまいとする強い態度**」といった意味で、肯定的に使われるようになっていったのです。

さて、現代の「我慢」によく似た言葉に「辛抱」というものがあります。

これは「辛さを抱える」と読めば、「頑張る」あるいは「我慢」と同じような意味だと思いますよね。

しかし、「辛抱」という書き方が文献の上で現れるのは、江戸時代になってからのことです。それまでは「心法」と書かれ、これも仏教用語であったといわれています。

「心法」は「心のはたらき」を意味します。

よく仏教のお坊さん達の講話などで、こんな言葉を聞いたことはないでしょうか。

――「心」というものは、「ころころ」ととかく変化して拠《よ》り所のないもの。だから自分の心の動きをしっかりと見つめて「不退転《ふたいてん》」の気持ちでありなさい。

心を「不退転」に置いて、どんなことがあっても堪え忍ぶ力があることを、「心法」と言い、これが「辛抱」という意味で使われるようになったのです。

さて、「我慢」と「辛抱」の違いをまとめます。

人は、何かをやり遂げようとするとき、時には、周りのことなどまったく目にも入れず、**強情な態度で頑張る**ことが必要な場合もあります。これが「我慢」です。

この「我慢」に対して、「辛抱」は、心を目的に向かってまっすぐに向け、動かないようにした気持ちを抱くことを表します。

たとえば、頑張って何かをやり遂げようとする時、いざやろうとしても、心のどこかに、「それから逃げよう」「避けよう」「もっと楽しいことがある」などという迷いが現れてくるに違いありません。

しかし、そうした心の迷いを消し去って、**どんなことにも堪え忍ぶという気持ちで頑張ろうとする「決心」こそが、「辛抱」**なのではないかと思うのです。

酌量《しゃくりょう》と斟酌《しんしゃく》

「相手に応じて酒の量を調整する」意味から発展した

「斟酌」という漢字、「斟」も「酌」も、じつはお酒に関係する言葉です。

「酌」は、今でも「お酌をする」と言いますが、本来は、瓶に入ったお酒を、柄杓《ひしゃく》で汲み出すことを意味しました。

相手にどれだけお酒を汲んで、注いであげようかと考えて、お酒を差し上げるということです。

同様に「斟」も「斗」という長い柄のついた柄杓でお酒を注ぐという意味です。

「斟」の右側の「甚」は、「はなはだ」と読みますが、「とても美味しいお酒」を意味します。

このように、漢字の意味が分かると、「斟酌」にある五つの意味もほぼ「斟酌」することができるのではないかと思います。

○酒を酌み交わすこと
○あれこれと照らし合わせて取捨選択すること
○先方の事情や心情を汲み取ること
○ほどよく取り計らうこと、手加減すること
○控えめにすること、遠慮、あるいは辞退すること

です。ひとつの熟語にこんなに意味があると、どうやって使っていいか分からなくなりますが、もっともよく使われるのは、三番目でしょう。

漱石の『坊っちゃん』にも「どうか其辺を御斟酌になって、なるべく寛大な御取計を願いたいと思います」と出てきます。

また、どうしようもない事態に陥って仕事の責任などを負うことができなくなった

場合のお詫びの手紙に、**「何卒かかる事情を斟酌いただき**、あしからずご了承頂きますようお願い申し上げます」と書いたりもしますね。

一方、「斟酌」の「酌」を使った熟語に「酌量」があります。これは**主に法律用語**として「情状酌量の余地はない」などといった使われ方をします。

「情状酌量」とは、刑事裁判で裁判官が判決を下すにあたり、犯罪人の情状のあわれむべき点を汲み取って、刑罰を軽減することです。

それから、「情状酌量」に似たもので、「酌量減軽」もあります。

これも同様に、裁判官が刑事裁判で犯罪の情状を酌量して、その刑を減軽することです。

もともとは「斟酌」と同様「酌量」も「瓶に入ったお酒を、柄杓で汲み出す時の量を、相手の状況に応じて、多くしたり少なくしたりする」のが本来の意味なのです。

まとめると、斟酌も酌量もともに「相手の事情や状況を汲み取ること」を意味しますが、**酌量はとくに法律用語**として使われ、相手の事情を推し量って、刑を軽減するなど同情のある扱いをすることを意味するのです。

釈明と弁解

言い訳がましくならない頭の下げ方

釈明を求められた場面、弁解した経験……どちらもないに越したことはありませんが、もちろん、筆者にもあります。

高校時代の思い出を例に説明してみましょう。

高校三年生の夏休み、受験に向けた補講があったのですが、筆者は行きたくなかったので出席しませんでした。

ところが夏休みの補講が始まって二日目のこと、担任から呼び出されて、「どうし

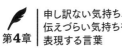

て補講を受けないのか、説明しろ」と言われたのです。

「受ける必要を感じませんでした」と言うと、いきなりビンタ！　が飛んできたのです（もう四十年近くまえになりますが、当時の先生たちは、よく生徒の頰に張り手をくらわしたものでした）。

担任の先生は「**釈明**になっていない！」と筆者を叱責したのです。

その後、しぶしぶ補講を受けることになったのですが、筆者は適当に休んだりしながら参加しました。もちろん、こんな反抗的な態度を先生が見過ごすわけがありません。

担任からまた呼び出しがあったのですが、そのとき筆者は「補講は受験テクニックを教えてくれないから、塾に行った方がいいこと」「数学の先生はできない生徒は放置するので、ますます数学嫌いになってしまうこと」など、思いつく限りの理由を述べました。

それを聞いた先生は、「**弁解**がましいことを言いやがって！」と筆者を叱ったのです。

ここで少し「釈明」と「弁解」の違いをまとめてみましょう。

「釈明」の「釈」という漢字は本来「もつれた糸をときほぐす」という意味を持っています。ここから、**釈明は、自分がミスをしてしまったり相手になにか不快な思いをさせてしまったりしたときに、自分の振る舞いの理由をひとつひとつ明らかにして、相手に理解してもらう**ことを意味する言葉です。

一方、「弁解」の「弁」は、旧字体では「辯」と書きます。「辛」という字がふたつ、「言」を挟むようについていますね。「辛」は、鋭利なナイフを示します。つまり、「辯」とは、言葉を使って、肉をナイフで細かく切り分けるように、相手にわかるように説明するという意味です。また、「解」という漢字にも「刀」という字がついていますが、こちらはナイフというより庖丁《ほうちょう》です。庖丁で牛を切り分けて解体することを表しています。

すなわち「弁解」とは、鋭利なナイフを使って、相手が納得できるまで証拠などを提示して、どんどん説明していく、というのが本来の意味だったのです。

ところが現代では本来の意味で使われることはほとんどありません。「証拠を提示して、どんどん説明していく」ことが「言い訳」や「自己弁護」を積み重ねていく……といった風に捉えられているのでしょうか。**「弁解」は「自分の振る舞いを正当化して説明する」**というニュアンスで使われるようになっています。

「釈明」も「弁解」もする機会がない方がいいに決まっていますが、「言い訳がましい」と思われないよう、自分のミスを謝るときは心を尽くして正直に頭を下げたいものです。

心労と心痛

つきぬけるような辛さがあるのは？

フランス人の妻は、よく、筆者に「なんで、日本人はこんなに働くの？」と訊きます。

勤勉を美徳とする教えが何世代にもわたって伝えられてきたからでしょう。「約束した時間までに必ず仕事を終わらせる」「人に迷惑を掛けないようにできるだけのことは自分でやる」という価値観を子どもの頃から教え込まれてきました。

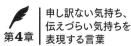

日本人は、勤勉さのために、時間に追われる生活をしてきました。

地位が上がって要職に就けば、責任は重くのしかかります。こうした「**心労**」が原因の自殺の割合は、世界でも群を抜いています。

でも、この十年ほどでだんだん、状況は変わってきています。ヨーロッパ経済が低迷し、移民が増加していき……バカンスどころではなくなってきています。しかし、バカンスで夏の三週間を楽しめなくなってしまうと、彼らは、何のために働くのか分からなくなってしまいます。

「一昨年はアメリカ大陸を横断し、去年はギリシャ、今年はアフリカへ」と、計画を立てて胸をときめかせていたフランス人が、「今年は仕事で行けない」なんて現実を目の前につきつけられると、どうなるでしょう。

なぜこんなことになったのかと深く思い悩み、「心痛」してしまうことになるかもしれません。

さて、「心労」と「心痛」の違いについて、もう少し説明します。

「労」は、旧字体では「勞」と書かれていました。これは、「かがり火を激しく燃やす」様子がもともとの意味です。そこから「火を燃やし尽くすように、力を出し尽くすこと」という意味に発展していきます。

労作は、苦労をして仕事をすること

労役は、体力を使い、苦労して働くこと
労心は、心を疲労させること
ということを意味します。

こうした熟語からも推測できますが、「労」は、かなり時間が掛かる仕事や人生などを言うもので、長い時間を掛けて体力や精神が、疲労していくことを表しています。心労から来る疾病や精神的苦痛も、心労になるようなことが、長い時間を掛けて蓄積するために起こることではないかと考えられます。

それでは、「痛」はどういうことを表しているのでしょうか。「痛い！」と感じるのは、一瞬のことです。もちろん長く続く痛みもありますが。

「労」と同じように、「痛」を使った熟語を調べてみましょう。

痛烈は、非常に激しいこと
痛快は、非常に快いこと
痛心は、ひどく心を傷めること

とあります。「痛」には「通」と共通する「甬」という字が見えますが、これは「つきぬける」「つきとおる」様子を表しています。

要するに、「痛」は、「えー!?」と驚いたり、「ゲー!」と悲鳴を上げたくなることが、一気に自分を襲う様を意味するのです。

『万葉集』に、大伴家持《おおとものやかもち》のこんな歌があります。

移り行く時見る毎に心痛く昔の人し思ほゆるかも（巻二十・四四八三番）

（訳――次々と移り変わってゆく時世のありさまを見るたびに、心も痛くなるばかりに昔の人が思われてなりません）

これは、「時の移り変わりというものに自分が圧倒されて、どうしていいのか分からない」ということを表す「心痛」です。

これは、先に書いたフランス人の思いとも通じることではないかと思います。

「どうして、数年前までは楽しいバカンスを過ごせたのに、今年はダメなの？」という「心痛」です。

第5章

目と耳で味わう言葉

ひらがなとカタカナ

美しく粋な「和歌」が、立身出世の武器だった

子どもの頃から日本語の環境で生まれ育った人にとって〈ひらがな〉と〈カタカナ〉の違いはあまり考えることもなく、至って自然に、その使い分けをしています。たとえば、「コンピュータ」と書くとしっくりするのに「こんぴゅーた」と〈ひらがな〉で書くとなんだか変ですね。

「なんだか変」と感じるのは、日本語に対する感覚があるということでしょう。

さて、この数十年、カタカナ語が増えたとよく言われますが、それは、新聞や雑誌、

インターネットなどの記事を見ても分かるように、とくに英語の単語が日本語に翻訳されず、音をそのままカタカナで書いてしまう語彙が増えたためです。

言ってみれば、**カタカナで書かれる言葉のほとんどは、外来語なのです。**

それに対して、ひらがなで書かれる言葉は、「和語」あるいは「大和言葉」と呼ばれる日本語の語彙です。

ところで、平安時代初期まで日本語には、ひらがなもカタカナもなかったことを、皆さんはご存知でしょうか？

カタカナが文献の上で現れるのは八二二年頃。これに対して、ひらがなが現れるのは九〇〇年頃です。

多くの人が、ひらがなの方がカタカナより早く創られたと思っていらっしゃるようですが、じつは、ひらがなの方が、カタカナより後に現れてくるのです。

それまでは、日本語は、すべて「万葉仮名」と呼ばれる「仮名」で書かれていました。

たとえば、『古事記』『日本書紀』『万葉集』などの書物は、すべて万葉仮名で書かれています。

万葉仮名とは、日本語で「ア」と発音する言葉には「亜」「阿」などの「ア」と発音する漢字を使う、つまり当て字で書いた仮名文字です。

この万葉仮名は、とてもお茶目な使い方も見えます。「懐かし」は「夏橙」と書いたり、「ブ」という発音が「蜂」の羽音に似ているから「蜂音」と書いたりしたものもあります。このような万葉仮名の使い方を「戯書《たわむれがき》」と呼びます。


こうした言葉遊びを行いながら、カタカナやひらがなが生まれてくるわけですが、カタカナは、「片仮名」と書くように、漢字の「片」、つまり「一部分」をそのまま使って書き表されています。

たとえば「ア」は「阿」の「阝」、「カ」は「加」の左部分、「ヒ」は「比」の右の部分という具合です。

こういう漢字の一部分を取って創られたカタカナは、角張っていて、一見すると漢字に見えないこともありません。カタカナは、じつは当初、漢字の一部を使いながら、漢文を日本語として読むための、送り仮名に使うために生み出されたのでした。

つまり、カタカナは、中国という「外国」で使われる言葉を、日本語の文脈の中で使うことを目的として生まれた言葉なのです。

そして、その伝統が今でも連綿と続いていて、フランス語や英語、ドイツ語など、あらゆる外国語で使われる語彙を、音としてそのまま書いていくための役割を担っています。

さて、これに対して、ひらがなは、漢字の草書体という丸く、簡略化された筆使いから発達しました。これは、とても優しい女性的な書き方です。

ひらがなが生まれてきたことは、日本の政治、歴史の変化と無関係ではありません。分かりやすく言えば、**藤原家による摂関政治が始まったことによって、ひらがなが使われるようになった**のでした。

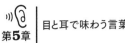

宇多《うだ》天皇（在位八八七〜八九七）の即位と同時に起こった政治紛争「阿衡《あこう》事件」があります。簡単に説明しますと、実質的に国政を掌握していた藤原基経《ふじわらのもとつね》を関白《かんぱく》に任命する詔勅《しょうちょく》（天皇の意思を示す文書）に、「阿衡」という役職名が使われました。

それを知った基経は、「阿衡は中国の名誉職のことで、実権はない」として激怒、政務の一切を放棄します。そこで天皇はあわてて先の詔勅を取り消して、文書作成の担当者を罷免《ひめん》しました。この事件で、藤原氏の権力の強さは世に知れ渡ったのです。「摂政《せつしょう》」が、即位した天皇が責任を取れないほどに若い場合に外戚（母方の親戚）が代わりにその政務を行うのに対し、「関白」は、年齢などの条件に関係なく天皇の政務の権限を外戚が代わりに行います。「関白」という言葉は、訓読すると「関《あずか》り、白《もう》す」、つまり、「天皇の言葉を自分が全部、代弁する」ことを意味するのです。

阿衡事件は、天皇に政治的実権がなくなったことを意味する大事件だったわけですが、天皇家に自分の娘を嫁がせることで、藤原氏が「摂政関白」として政治の実権を握る図式を作る契機にもなりました。

はたして、この頃から女性と男性との間に、「和歌」という美しく粋なラブレターが続々と交わされる時代が到来します。

それまで男性は、漢詩を作ることが教養とされていましたが、和歌が上手《うま》ければそれを武器に藤原氏や天皇に近づき、官位を上げるチャンスを狙えるのです。

和歌は、漢字を並べて書いたり、カタカナで書いたりすることはありません。女性が分かるような言葉で、「女手」とも呼ばれる美しい連綿体のひらがなで書かなければならないのです。そしてそこで使われる語彙は、固い感じの漢語の語彙ではなく、優しく淑やかな**大和言葉**です。

こうして、今でも、「日本独自の言葉」はひらがなで書くという習慣が残っているのです。

キリンと麒麟

上野動物園園長の大ウソから始まった⁉

日本語に詳しい外国人と一緒に動物園に行くと、時々、こんな質問をされることがあります。

「トラ」「ゾウ」「サル」などは、どうしてそれぞれ「タイガー」「エレファント」「モンキー」という英語名では書いていないのですか？

一方で、「ライオン」は「獅子」という日本語があるのに、「ライオン」と英語名で書かれている。

なんだか、日本の動物園の動物の名前の付け方には、一貫性がないように思えるのですが……というのです。

結論から申し上げますが、基本的に古来日本にいる犬や猫、猿や、江戸時代までに日本にやってきた動物は、日本語名で名前が付けられています。これに対して、明治時代以降にはじめて外国からやってきた動物には英語名が付けられているのです。

少し、遡《さかのぼ》って考えてみましょう。

日本で初めて動物園が開園したのは、明治十五（一八八二）年のことでした。今の「恩賜上野動物園」ですが、当時は農商務省博物局が管理していました。

広さも、現在東京ドームの三個分、約十四・二ヘクタールの規模を誇り、約五百種類の動物を飼育していますが、当時の敷地は僅《わず》か一ヘクタール。

この時飼われていた動物は、キツネ、イノシシ、ヤギ、ヒグマ、丹頂鶴《たんちょうづる》、オシドリなど日本に棲息《せいそく》している動物ばかりでした。これらの名前は、もともとの日本語の呼び名です。

外国産の動物が初めて来日したのは、開園の翌年のことでした。駆逐艦《くちくかん》・筑波《つくば》が、オーストラリアに寄港した際に捕獲したかもらったか、よく分からないまま連れてきた一匹の「大袋鼠」がそうです。「大袋鼠」では何のことか分かりませんね。これは今で言う「カンガルー」です。

ただ、これは、どうやってカンガルーを連れてきたかが明らかにされず、国際法上の問題にもなりかねないという理由から、敢《あ》えて「カンガルー」と呼ばずに、鼠の変種のような呼び方をすることで、存在をごまかしたようです。

さて、これに続いてドイツの動物園から買い付けて恩賜上野動物園に連れてこられたのが、キリンです。

キリンは、本来なら英語名の「ジラフ」と呼ぶべきものでした。

ところが、「ジラフ」は、非常に高価なものでした。

当時、恩賜上野動物園の予算を管理していたのは宮内省でしたが、「ジラフ」に対して、その予算を執行しようとはしませんでした。

そこで、一案を練ったのが、当時の動物園長（その当時は、「園長」とは言わずに、監督と言いましたが）石川千代松《いしかわちよまつ》（初代監督任期一九〇一〜一九〇七）です。

石川は、ここで敢えて「ジラフ」と言わずに、中国古代の霊獣《れいじゅう》とされた「麒麟《きりん》」を買ってくるから予算を頂きたいと宮内省に依頼したのです。

「麒麟」は背丈五メートル余り、顔は龍に似て、牛の尾と馬の蹄を持つ。背の毛は五色、身体には鱗《うろこ》あり……。

儒教の経典『礼記』には、**王が仁政（じんせい）を行う時に現れる神聖な瑞獣（ずいじゅう）**であると記されていますが、あくまで伝説上の生き物なので、当然それを見たことがある人はいません。

石川は、この「キリン」を買ってくるのだから、予算を執行してほしいと、宮内省に依頼したのです。めでたい瑞獣を買うと言っているのだから、宮内省はお金を出さない訳にはいきません。

こうして買ってこられた、本当なら「ジラフ」として公開されるべき生き物が「キリン」という名前のまま飼育され、人々の前に登場したのです。

そう考えると、ビールの缶で目にする「麒麟」と動物園にいる「キリン」が似ても似つかない理由がお分かりいただけるでしょう。

このような特別な経緯を持ったものもありましたが、動物園で使われる動物の名前は、その動物が入ってきた時代に依ります。

江戸時代にも、動物の名前を載せた百科辞典のようなものがありました。その主なものに、ふたつあります。中国、明代に作られた漢方薬の百科辞典『本草綱目《ほんぞうこうもく》』と、江戸時代、寺島良安が著した『和漢三才図会《わかんさんさいずえ》』です。

動物園ができて、動物の名前が付けられる時も、これら辞典に載っている動物は、基本的には、そのままでの動物名が使われました。

そして、**明治時代以降に輸入された動物の名前は、英語表記で付けられていく**ことになります。

たとえば、ライオン、ゴリラ、チンパンジーなどです。「ライオン」は「獅子」、「ゴリラ」は「大猩々」などという漢字で書かれた名称もありましたが、実際に日本にやってきたのは、明治時代以降です。

一方、「ゾウ」はすでに江戸時代に少なくとも二度、江戸の市中を歩いています。こうしたことから、明治時代以降に「ゾウ」が輸入されても、「ゾウ」という名前が付けられているのです。

さて、それでは、どうして動物の名称は動物園では、カタカナで書かれるのでしょうか。

これは、明治時代以降、動物学などの学問が発達すると、学術用語をカタカナで書く機運が高まったためです。

正式な動物名は、今でもラテン語で書かれることになっていますが、そのラテン語名を一段階日本語の表記に近づけるという意味で、カタカナが使われることになっているのです。

カタツムリとデンデンムシ

都道府県別に呼び名を聞いてみると？

文部省唱歌の「かたつむり」という歌、皆さんご存知でしょう。

でんでんむしむし　かたつむり
おまえのあたまは　どこにある
つのだせやりだせ　あたまだせ
でんでんむしむし　かたつむり

おまえのめだまは　どこにある
つのだせやりだせ　めだまだせ

ここに同じ「蝸牛」を示すのに、ふたつの称呼が使われています。「でんでんむし」と「かたつむり」。どちらが、どんなふうに違うのか、ご存知の方は、今となっては少ないのではないでしょうか。

なぜなら、柳田國男《やなぎたくにお》の名著、『蝸牛考《かぎゅうこう》』（一九三〇年刊）を読む人もひじょうに少なくなったからです。

『蝸牛考』は、日本の方言研究の記念碑的な仕事です。「蝸牛」とは漢語で書いた「カタツムリ」のことなのですが、全国にこのムシがどのような名前で呼ばれているかを調べ、その分布がどのようになっているかを分析したのです。

詳しく説明しましょう。

一九三〇年当時、「蝸牛」は、京都では多く「デデムシ」と呼ばれていました。

ところが古い文献を年代順に整理してみると、京都では（一）ナメクジ→（二）ツ柳田國男『蝸牛考』

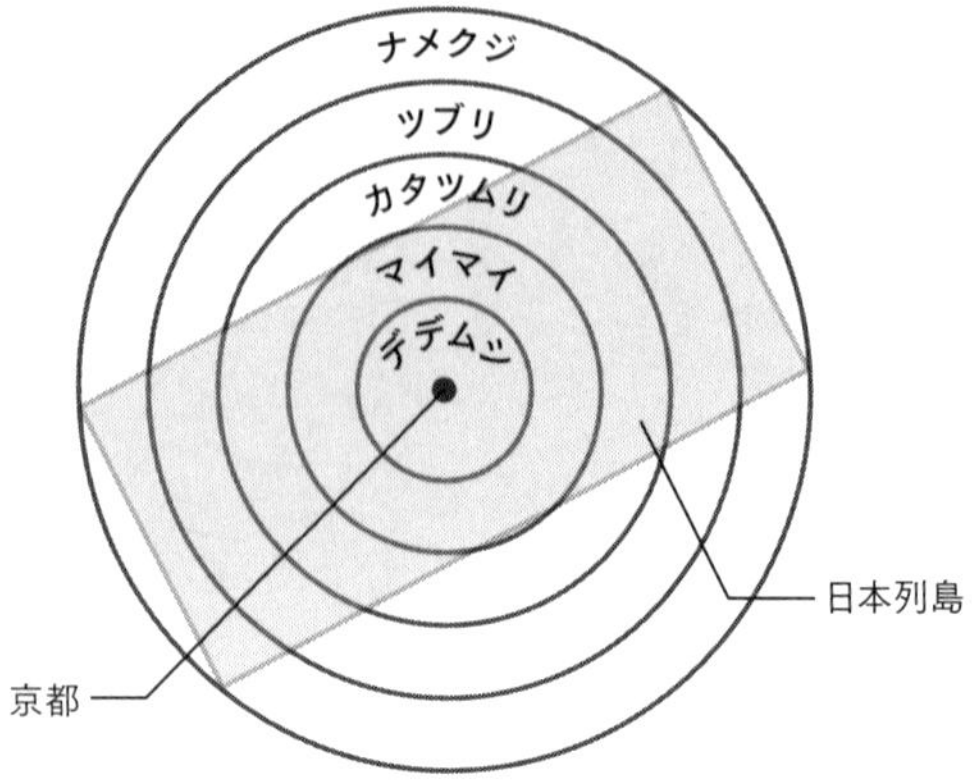

ブリ→（三）カタツムリ→（四）マイマイ→（五）デデムシと変化したことが分かります。

京都以外の地方でも、同じように、「蝸牛」の名称を調べ、様々な名称を日本地図に貼ってみると、驚くようなことが分かってきました。

現代の京都の「蝸牛」の名称「（五）デデムシ」を中心にして京都から遠ざかるごとに、名称が波紋状に広がるのですが、その広がり方が、

（一）（二）（三）（四）（五）（四）（三）（二）（一）

となっているのです。

ここから京都での「蝸牛」の名称の変化は、緩やかに辺境に向かって広がっていくことが

判明したのです。

また、こうしてみると、「カタツムリ」の方が、「デンデンムシ」より古いことも分かります。

同じ「蝸牛」の名称にも新古の差があったのです。

ちなみに、「カタツムリ」の「ツムリ」は丸い物を表すものと考えられています。

また「デンデンムシ」の「デンデン」は「出む、出む」で現代語であれば「出よ！出よ！」という意味の言葉から変化したものです。

家とうち

待っている人がいるところに帰るのは？

よく言われることですが、日本語には、複雑な敬語表現があります。

その不思議な使い方は、相手を尊敬するだけ、自分を謙《へりくだ》るだけではなく、相手を尊敬しながら自分を謙らせる、丁寧語を使いながら相手との距離を置くなど、様々です。

筆者の妻はフランス人なのですが、なんど説明しても、この不思議な日本語の敬語表現をまったく理解することができません。こうした敬語の使い方は、習って覚えるものではなく、小さい頃から生活の中で染み込んでくる「慣れ」によって身に付くものだからでしょう。

さて、言葉だけみれば、ただ場所を表す「家」と「うち」の使い方の違いも、じつは、敬語表現のひとつの「差」として使い分けられます。

それを説明する前に、「家」を表す同意語を思い付くまま、列挙してみます。たとえば、こういうのはいかがでしょうか？

家屋、居宅、豪邸、邸宅、住居、住宅、すまい、邸、屋敷、人家、民家、農家……。天皇の住まいは、皇居、御所、それから江戸時代であれば「城」、平安時代に遡れば「藤壺」や「桐壺」のように、天皇のお妃が住んだり摂政の詰め所として使われたりするところもありました。

それでは「家」と「うち」の語感の違いについて考えてみたいと思います。

まず、漢字の「家」の説明をしましょう。

「家」をよく見ると、「宀（うかんむり）」と「豕（いのこ）」とからできています。

「宀」は、屋根がある建物を表す記号です。「豕」はブタです。じつはこれは、古代中国（後漢が終わる二二〇年頃まで）の「家」の構造をそのまま描いたものです。

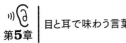

地上階にブタを飼う場所があり、二階に人が住んでいる様子を表し、人の食物の不用な部分などを階下にいるブタに落として食べさせて飼っていたのです。これが一般的な「家」だったとされています。

中国では階下でブタを飼うことがなくなっても、「家」が「すまい」を表すことは変わらず、またその影響で、我が国でも一般的な「人の住まい」を書くのにこの漢字が使われるようになりました。

こう考えると、「家」と漢字で書かれるものは、**「一般的な構造物としての家」**なのだということが分かるのではないでしょうか。

それでは「うち」とは何でしょうか。敢えてひらがなで書きましたが、もちろん漢字で「内」と書いてもかまいませんし、「うち」と書く漢字なら「中」もあります。同じ「人のすまい」と言っても、「うち」は「内部」を示すものです。

今はほとんどなくなってしまいましたが、つい最近まで日本の家屋には「(お)縁」というものがありました。

この縁は、別の言い方をすれば「境界線」を意味していました。日本らしい神仏混合の宗教的理解をすると、「縁」は「結界」を表すものでもありました。

自分の「うち」に入ることを許されない人たちに対して、**「あなた方がアプローチできるのは、この縁までですよ」**という意識が、この「縁」には込められていたのです。

さて、「家」と「うち」の違いはもう明らかですね。

「家」が建物を客観的に指しているのに対して、**「うち」は自分の「家族」や「うち解けていられる関係のある人たちがいる」**、「自分が入ることを許された空間」を意味するのです。

「家に帰ろう」と「うちに帰ろう」は、同じ意味を表しますが、「構造としての家」に帰るのか、「自分を待ってくれている人がいる本来の居場所」に帰るのかという語感の違いを本来はもっていたのです。

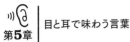

ニホンとニッポン

日本政府でさえ決定していない超難問

外国の人が日本に来て、しばらくいると、「困った」と言い始めることがあります。漢字の読み方として、「日本」をどう読めばいいのか分からない、というのです。

ちょっと見渡しただけでも、「日本」という言葉は、すぐに見つかりますね。

福澤諭吉が印刷された一万円札には「Nippon (Ginko)」とあります。東京で、地下鉄に乗って「日本橋」で降りると、「Nihombashi」と案内板に見えます。これが大阪に行くと「Nippombashi」。

「日本酒」は「ニホン（シュ）」、「日本航空」は「ニホン（コウクウ）」なのに「日本放送」は「ニッポン（ホウソウ）」、サッカーなどのスポーツでは「日本代表」を「ニッポン（ダイヒョウ）」と言います。

なんですか、この差は？　と訊かれるのです。

「Japan と言っていれば間違いないよ。誰でも分かってくれるから」と、筆者は冗談を交えて答えることにしています。なぜなら、**「日本」を「ニホン」と読むべきか「ニッポン」と読むべきか、日本政府でさえ決定していない**のですから。

さて、それでは、なぜ、政府は国号である「日本」の読み方を決めることができないのでしょうか。「ニッポン」と「ニホン」、どのような経緯でこの二つの読み方があるのでしょうか。

この理由を知るためには、奈良時代から以降の「ハ行」の発音の変化を知る必要があります。

奈良時代、日本語の表記は、すべて万葉仮名でした。

たとえば、「は・ひ・ふ・へ・ほ」は「波・比・富・部・保」と書かれていました。

この漢字は、当時中国大陸にあった唐王朝の学者が、日本語の発音を聞いて、その発音に最も近い発音の漢字を当て字にしたものです。

そこで、唐王朝でのそれぞれの漢字の発音を調べると、

波＝pua プア
比＝pii ピイ
富＝piau ピアウ
部＝bo ボ
保＝pau パウ

であったことが分かります。つまり、**当時「ハヒフヘホ」は「プア・ピイ・ピアウ・ボ・パウ」**と発音されていたのです。

それでは、日本という言葉は、いったいいつから使われるようになったのでしょうか。

「日本」という国名は、唐王朝から名付けられたもので、文献に現れる最古の記録は

『旧唐書』東夷伝に残っていて、およそ七〇〇年頃のことであると考えられています。

そして、中国では、「日」がniet（ニェット）、「本」がpuən（プァン）と発音されていました。

この二つを合わせて見ると、「日本」は、「ニェットプァン」と呼ばれていたことが分かります。ただ、日本風に何度も繰り返し口に出してみれば、「ニッポン」と似ていないわけではありません。

明治時代の笑い話に、アメリカ人を意味する「American」の発音が、日本人には「メリケン」と聞こえたエピソードがあります。

What time is it now? が、「掘った芋いじるな！」と聞こえたり、実際に声に出してみたりすると、もっともらしく聞こえるなんてこともありますね。

日本人は、当時、中国語の発音を、中国人の先生たちに付いて勉強していたのですが、正確に発音をまねできる人より「メリケン」「掘った芋」式で覚えていく人たちも多かったのではないでしょうか。

ところで、言語は常に変化していきます。フランス語も英語も中国語も、そして日本語も、どんな言語でも、発音も文法も可能な限り簡単になろうとしていきます。その変化は、その時代に生きている人にとっては、自然すぎて分からないものなのですが。

話を戻しましょう。およそ平安時代の前期、菅原道真《すがわらみちざね》（八四五〜九〇三）の頃までは、日本には「ハヒフヘホ」という発音はなく、現在のハ行はすべて「パピプペポ」と発音されていました。上下の唇を合わせてパクパクすると出る音です。

ところが、これが平安時代中期『源氏物語』が書かれる一〇〇〇年頃になると、上下の唇を合わせながら、空気を出さない「ファ、フィ、フゥ、フェ、フォ」という発音に変わってしまいます。

すると「日本」の読み方も「ニッポン」から「ニフォン」へと変化するのです。

とは言っても、「ニッポン」という読み方がなくなってしまうわけではありません。「ニッポン」という言い方と同時に「ニフォン」という言い方も並列して使われるようになってくるのです。

この「ハ行」を「ファ、フィ、フゥ、フェ、フォ」と発音する現象は、平安時代中期から室町時代末期まで続きます。そのことは、次のようなナゾナゾからも明らかです。

母には二度会いたれども、父とは一度も会わじ。　何？

答えは「唇」です。「母」という言葉を「ハハ」ではなく「ファファ」と、上下の「唇」を二度合わせて発音しているからこそ、答えが「唇」になるのです。

ところが、この「ニフォン」という発音は、江戸時代になると「ニホン」と今と同じような発音になってしまいます。

とくに、べらんめえ調と呼ばれるような江戸っ子の、早口の会話では「ファ、フィ、フゥ、フェ、フォ」というまどろっこしい発音より、咽《のど》から息が勢いよく出る「ハ、ヒ、フ、へ、ホ」が使われるようになったのです。

江戸の「日本橋」が「ニホン橋」と発音されるのはそのためです。

これに対して、**大阪の「日本橋」が「ニッポン橋」と呼ばれるのは、古い平安時代以来の伝統を守った発音**をしているからなのです。

さて、「日本」を「ニッポン」という読みに統一しようとする動きが昭和九（一九三四）年に起こりました。

当時は、日中戦争などが始まった時期で、軍部が非常に力を持っていた時代です。「ニッポン」というより力強く聞こえる音にした方がいいという意見が出たのです。

ところが、皇室を中心とした和歌の伝統のある世界では、「ニッポン」のような促音を好みません。濁点や半濁点、促音などのない世界こそ、清なる和語の伝統だと考えられています。

こうしたことから、「日本」を「ニッポン」に統一することはできなくなってしまったのです。

さらに昭和四十五（一九七〇）年、「大阪万国博覧会」を前に、「日本」を「ニッポン」へという意見が国会で議論されました。しかし、ここでも結論は出ず、問題は先送りにされています。

「日本大学」は「ニホン大学」、「日本郵政」は「ニッポン郵政」……すでにいろんな呼び方があるものを、統一することは結局できなかったのです。

ただ、こうした古い伝統的読み方をずっと持ち続けながら、さらに新しい読み方も受け入れていくという態度こそが、日本文化の特色とも言えるでしょう。

その理由を考えていくと、じつに深い、日本文化の淵源《えんげん》に触れることにもなるのです。

寿司と鮨

平安、江戸、明治と時代によって変遷した言葉

石川県に旅をすると、たくさんの美味しいお寿司屋さんに出会います。

ただ、どこへ行っても、不思議なことに暖簾《のれん》や看板に「寿司」と書かずに「寿し」と書いてあることが多いのです。

どうして「寿司」の「司」の部分だけを「し」と書くのでしょうか。

また、お寿司屋さんで出される湯飲みの周りに、魚の名前がいっぱい並べて書いてあるものがありますが、そのひとつに見えるのが「鮨」という漢字。これも「すし」と読みますね。

それから、奈良で柿の葉寿司を頂いた時の、包み紙には「鮓」と書いて「すし」と読む字がデザインされて書いてありました。

こんなふうに見てみると、「すし」でもいろんな書き方があるのです。

何かここには差があるのでしょうか?

さて、古代からこれを遡って、見て行きたいと思います。

平安時代、九三一年から九三八年頃に編纂されたとされる『和名類聚抄《わみょうるいじゅしょう》』には次のように書かれています。

「鮨　和名須之、鮓属也」

『和名類聚抄』は漢和辞典です。「鮨」という漢字を、和語(日本語)ではどう呼ぶのか、どういうものなのかを説明して書いたものなのです。

これによれば「鮨」が「須之」と呼ばれるものだったことが分かります。

また、『和名類聚抄』は、〈ひらがな〉を使わず、万葉仮名を使って書かれています。

すなわち「須」は「す」、「之」が「し」と〈ひらがな〉で書けば書けるものだったのです。

九三一年と言えば、すでに『古今和歌集』も編纂され、〈ひらがな〉が使える時代に入っていたはずなのですが、漢字は男性が使うものとされ一般的ではなかったため、『和名類聚抄』の編纂には万葉仮名が使われたのでした。

さて、それでは「鮨」とは何でしょうか。**「鮨」は中国では「魚の塩辛」**を意味します。そして、「鮓属也（鮓の類いである）」とも記されている**「鮓」は「米こうじなどを使って発酵させた魚」**なのです。

我が国には、魚介類を塩蔵して自然発酵させた鮨が古くからあり、とくに発酵を早めるために飯を加えた「馴鮨《なれずし》あるいは熟鮨」が奈良時代からあったと言われています。近江の「鮒鮨《ふなずし》」などはそのひとつです。

また、江戸時代後半に入ると、酢飯に魚介類などの具を配した、いわゆる江戸前鮨が現れ始めます。このほかにも、魚と酢を加えた「早鮨《はやずし》」や「一夜鮨《いちやずし》」、「散らし鮨」「蒸鮨」「握鮨」のほか、海苔《のり》で巻いた「巻鮨」や、油揚で包んだ「稲荷鮨《いなりずし》」があるのはご存知でしょう。

ところで「寿司」という表記はどこから来たものなのでしょうか。

江戸時代、享保（一七一六〜一七三六）年間に写された『新撰字鏡《しんせんじきょう》』を見ると、これには「鮓　須志」と書いてあるのが見つかります。

『和名類聚抄』には「須之」と書いてあったのが、こちらでは「須志」。ほかにも探せば、おそらく「ス」「シ」の音に合う当て字が見つかるのではないかと思います。

じつは、「寿司」という漢字も、当て字です。これは、はっきりと時代を確定するにはまだ至っていませんが、**明治時代になってから付けられた縁起のいい漢字による当て字**だろうと言われています。

「寿司」、なるほど、そう言われてみれば「寿＝長生き」を「司る」食べ物という意味で、とても縁起がいいですね。


さて、最後に、この「寿司」「鮓」「鮨」の違いを調べていたら、早稲田大学の笹原宏之先生が、著書『方言漢字』（角川学芸出版）に、それぞれの表記に地方的な傾向があると記しているのが見つかりました。

これは二〇〇六年のタウンページに基づいて作成した県別の「すし店名の漢字表記

の種類」を調べてまとめたものです。

それによれば、「鮨」と書くのは東京が三十四・四%に対して、大阪では十二・一%。「鮓」は、全国的にも少なく、奈良で六・六%、京都六・四%、大阪四・〇%。その他、ほとんどの県では「寿司」と書かれるが、北海道、富山、石川、福井、島根、山口、香川、徳島、愛媛、高知では「寿し」と書かれることが多いのだそうです。

熟れ寿司屋さんも中には入っているのかもしれませんが、同じ食品を扱っているのに、これだけ表記に違いがあるのも、なんとなく日本的な多様性を表しているようで、とてもおもしろく感じます。

会員とメンバー

和語、漢語、カタカナでニュアンスの違いが出る

日本語は、じつに不思議なもので、我々は漢字、ひらがな、カタカナの三種類を使って、日本語を書き表します。

しかもカタカナの場合は、外国語の発音を日本的な発音にトランスクライブ（音写）して、まるで日本語のように使うことができるという技をもっています。いわゆる「カタカナ語」と言われるものです。

数千語あるとされる言語のなかにも、こんな臨機応変で便利な言語は、ひとつとしてありません。

それは、日本語が、ヨーロッパから見て東の端に位置していたことも大きな理由なのではないかと考えられるのですが。

しかし、それにしても、すでにそのことを表す日本語があるのに、漢語や「カタカナ語」を使うのは、どういう理由からなのだろうと、ついつい、新しい言葉に会う度にいつも考えてしまいます。

さて、句会、散歩の会、歌会、お茶会、こうした「会」に参加する人という意味の日本語は、江戸時代以降「なかま（仲間）」が使われていました。

ところが、明治時代になると、「会員」という新しい漢語が現れてきます。

明治時代、帝国大学で日本人として初めて哲学の教授となった井上哲次郎《いのうえてつじろう》（一八五六〜一九四四）が書いた『哲学字彙』（一八八一年刊）には、「Member 肢体・会員（政治）」という言葉が初めて現れます。

また、坪内逍遥の『当世書生気質』には、「此頃は非常に会員（クヮイヰン）が殖て来たぞ」、さらに明治二十九（一八九六）年発行の「民法」九四七条には、「親族会の議事は会員の過半数を以て之を決す」などと書かれています。

明治初期は、英語のlibertyを「自由」、rightを「権利」と漢語に訳していく作業が行われた時代です。

「会員」も、「ある会（society）の一員」という意味で作られた言葉だったのです。

そして、これが日常的な言葉として、一高や帝大などのエリートの学生たちの間でも使われるようになり、さらには、法律の用語としても広まっていったのです。

さて、それではメンバーという言い方はいつ頃から使われ始めたのでしょうか。

じつは、この言葉も、「会員」という言葉が作られるのとほとんど同時期に使われるようになっています。中村正直《なかむらまさなお》（一八三二〜一八九一）が翻訳した『西国立志《さいごくりつし》編《へん》』（一八七一年刊）には、「各部落より薦挙《せんきょ》せる民委官（メンバア）を」と記されています。「メンバア」は振り仮名です。

この『西国立志編』は、明治天皇の愛読書との宣伝もあって、明治時代未曽有のベストセラーでした。「民委官」という言葉は、ローマ時代についての記述に出てくるもので、「人民から仕事を委《まか》された人」という意味でしたが、「一員」という意味としても次第に使われるようになっていったのでした。

さて、「なかま」「会員」「メンバー」と並べて書いた時に、皆さんはどのような印象を受けますか？

ひらがなで書かれる「なかま」は、「飲みなかま」「囲碁将棋のなかま」といった使われ方をしますから、**つかず離れず、ほんわかした関係**のようなニュアンスが感じられます。

これに対して「会員」というと、会費や会則などがあって、それに合わない行動をすると処分を受けたり除籍されたりするような会の「一員」という感じがします。**ひじょうに強い結びつき**が感じられますね。

また、メンバーは、企業や商店やメーカーと顧客との間に結ばれる特典契約のようなものを指すことが多いようです。

社会の発展にともなって、日本人は、大きくいえば同じようなものを、和語、漢語、カタカナで別々の言葉として表現することによって、微妙なニュアンスの違いを打ち出しているのです。

日本語って、やっぱりとても優秀な言語だと思いませんか？

わびとさび

不完全なものに対する「美」への視点

『徒然草』にこんな言葉があるのをご存知の方は少なくないと思います。

「花は盛りに、月は隈なきをのみ、見るものかは」（百三十七段）

桜の花は満開のときだけが、月は満月ばかりが美しいものとして見るべきであろうか……いや必ずしもそうではあるまいという吉田兼好の言葉です。

兼好は、満開・満月などのように、完全なものに対してのみ美を認めるという意識に対して、不完全なものに対する「美」への視点を求めようとします。あるいは外形からの美ではなく、むしろ内面の情趣や余情からの美と言っていいかも知れません。

兼好は、第八十二段に、こんなことも記しています。

「薄絹で装丁した表紙は、早く破損するので困る」とある人が言った時に、頓阿は、「薄絹で装丁した表紙は上下すり切れ、螺鈿《らでん》で作った巻物の軸は貝が落ちてからが実にすばらしい」と申しましたことは、思いのほかすばらしいことだと思いました。

何冊かで一部にまとまっている草紙などで同じ体裁になっていないのを人は見苦しいと言いますが、弘融僧都《こうゆうそうず》が、「物を必ず同じに装丁するのは、つたないものがすることである。ふぞろいなのがよいものだ」と言ったのも、すばらしいと思います。

「すべて、なんでも皆、ことがととのっているのは、悪いことである。しのこしたものを、そのままほってあるのは、面白く、寿命が延びるような気がする。宮廷をお造りになるときにも、必ず、完全に作らないところを残すことである」と、ある人が申しました。

この兼好の美意識は、能の世阿弥《ぜあみ》、茶の千利休《せんのりきゅう》（一五二二～一五九一）、俳諧《はいかい》の芭蕉などによって各分野に深化していきます。

「わび」「さび」という言葉でも知られる日本独特の美意識であるとされますが、「わび」とは、そして「さび」とは、語源的にはどのようなものを示すのでしょうか。

まず、「わび」は「侘《わび》しい」という言葉に由来します。

『万葉集』（四・六四四）に、「今は吾は和備（ワビ）そしにける気《いき》の緒に思ひし君を許さく思へば〈紀女郎〉」

という歌があります。現代語訳をすれば、「今の私は、侘しく心細いのです。あなたとの絆が解けて、あなたが離れていくと思うと」という意味になります。

このような「侘しさ」こそが、「わび」の原点にはあるのではないかと思います。

江戸時代初期に書かれた『醒睡笑《せいすいしょう》』には、「花をのみ待つらん人に山里の雪間の草の春を見せばや　利休はわひの本意とて、此哥を常に吟し」との一文があります。

これは、「『まだ花が咲かない春が来ないと待っているだろう人に、山里に積った雪のあいだにわずかに芽吹いた若草にも春は来ていますと見せたいものです』という藤原家隆の歌を、千利休が、これこそわびの本来の意味だと言っていつも読んでいた」という内容です。

「侘び」は、なんとなく**簡素な中にある落ち着いた心細さ**をいうのかもしれません。

それでは「さび」とは何か。

「さび」は「寂」を語源とする言葉で、芭蕉門下のいわゆる蕉風俳諧《しょうふうはいかい》の言葉で、**閑寂（かんじゃく）の色あいを主調とする、深くかすかな美的情趣（じょうしゅ）**をいいます。

つまり、「わび」に対して「さび」は、江戸時代になってから発達してきた新しい美意識なのです。

ただ、「さび」は、金属の「錆《さび》」とも無関係ではありません。

なぜなら、**「さび」には、時間の経過によって劣化していくと現れる味わい**に求める美意識があるからです。

これは、まさに、先に触れた『徒然草』八十二段の「薄絹で装丁した表紙は上下すり切れ、螺鈿で作った巻物の軸は貝が落ちてからが実にすばらしい」という美意識に通じるものなのです。

『徒然草』は、読めば読むほど味わいのある本だとつくづく思います。どうぞ、皆さんも繰り返し、読んでみてください。

ジャムとコンフィチュール

フランス風のおしゃれな呼び方

フランスの笑い話を紹介しましょう。

大きく口を開けて話すことができないカエルがいました。お医者さんに、そのことを相談に行くと、治す方法を教えてくれました。「『マーマレード』って大きく口を開けて発音しなさい」というのです。

カエルは、「そんな簡単なことなんですか！」と感心して、帰り道、ずっと「マーマレード！　マーマレード！」と呟《つぶや》きながら、大きな口を開けて意気揚々と歩いていました。

すると、途中で、お母さんに買い物を頼まれたのを思い出しました。

「あ！　コンフィチュールを買って帰らなきゃ」

買い物を終えて、お店を出ると、カエルは困った顔になっていました。

「あれ、お医者さんはなんて言いなさいって言ったんだっけ？　コンフィチュールだったっけ？」

カエルは「コンフィチュール、コンフィチュール」と言いながら、おうちに帰ったのでした。


「マーマレード」の「マー」「レー」は、どちらも口を大きく開けて発音します。一方で、「コンフィチュール」は、どれも口をすぼめて発音します。せっかくいい方法を教えてもらったのに、哀れなカエルはすっかり忘れて口をすぼめる発音を一生懸命練習する羽目になったのです。

「コンフィチュール」という言葉を耳にしたことはありませんか。

ひと昔前までは、みんな「ジャム」と言っていたのが、次第に「コンフィチュール」に変わりつつあります。

もちろん、「ジャム」より、こちらの方がおしゃれに感じるからでしょう。

「ジャム」は英語です。語感とすれば、**砂糖で煮込んで、ゴチャゴチャ、グチャグチャに詰め込んでいる**、という感じがしませんか？

「交通渋滞」も英語では「ジャム」と言ったりします。

これに対して、**「コンフィチュール」の方はフランス語**で、もともと砂糖や酢、油に漬ける料理の方法を指しており、こちらの方が、ジャムに比べて上品な感じがするでしょう。

じっさい、今となっては、「コンフィチュール」も「ジャム」と同じように、砂糖で果物や野菜を煮込んだ保存食を意味するようになりました。

それにしても、フランスでは、あらゆるものを「コンフィチュール」にしてしまいます。

うちの妻の姉のところからは、クリスマス前になると、ブドウ、リンゴ、イチゴなどのあらゆる果物はもちろん、キャベツや長ネギ、ルバーブにニンニクを入れたり、ニンジンにショウガを入れたりしたものなどを瓶詰めにして送ってきます。

え！　と思うようなものも、ヨーグルトと一緒に食べると意外と美味しいので、自宅でも試してみられるといいと思います。

さて、同じものでも、「ジャム」と呼ぶか「コンフィチュール」と呼ぶかでおしゃれ感が違ったりする場合もあります。

これは、ひとえに、日本人のお菓子職人がフランスで修業をして、おしゃれなフレンチのスイーツの作り方をわが国ジャポンに伝えてくれるからに他なりません。

第6章

ここまで理解できたら完璧！教養がにじみでる言葉

昼寝と午睡

より雅致のある書き方を身に付ける

「昼寝」という言葉を見ると、すぐに思い出すのは『論語』にある逸話です。

二千五百年前に、孔子の弟子、宰予《さいよ》は昼寝をした……それだけで、先生から、「朽《きゅう》木《ぼく》」とか「糞土《ふんど》」とか呼ばれて、ずっと笑いものとされ続けてきたのです。

なんとも可哀想な宰予と思ってしまいます。疲れていたのかもしれませんし、本当は具合が悪かったのかもしれないのに。

さて、どちらも同じ「昼間に寝ること」を意味する「昼寝」と「午睡」という言葉がありますが、ちょっとだけ意味が違うところがあります。

それは、**「午睡」の方は、昼食を食べてからそのまま、眠る**ことを意味するからです。

日本でもむかしはそんな風習がありました。

ヨーロッパでも、とくに南の方の南仏、イタリア、スペインでは、二時間ほど、お酒を飲んだりしながら昼食を楽しみ、少し眠ってから、午後の仕事を始める習慣があります。これこそが、「午睡」なのです。

同じ「昼寝」でも、午後の三時四時になって、ちょっと寝るというようなのとは違います。

ただ、こうした習慣がなくなった今「昼寝」のことを「午睡」と書くのも、決して間違いではなくなりました。

そうであれば、**「午睡」の方が、「昼寝」より雅致（がち）のある書き方**ではないかと思います。

昼寝をして二千五百年もの間、人から朽木、糞土と言われないためにも、「午睡」という言葉を使ってみてはいかがでしょうか。

億劫と大儀

面倒なのは「時間」か「物事」か

「冬は布団から出るのが億劫《おっくう》だ」と言ったりします。

この場合、「面倒だ」という意味で使っているのだと思います。

もちろん、それで間違いはありません。ですが、もともとの意味を知っていると、その「面倒さ」もより深く感じることができるのではないかと思います。

そもそも**「億劫」は、仏教で使われる言葉で「とてもとても長い時間」を意味**し、そこから「長い時間掛けても、なかなかできないこと」となり、「どれだけ時間を掛けてもなかなかできないことは、面倒だなぁ」という意味で使われるようになったのです。

ふかふかの布団に入って、夢現《ゆめうつつ》でいるのって気持ちがいいですよね。出ようと思っても、あと五分だけ……と、ついつい布団から出るのが億劫になり、気が付いたら、遅刻寸前! なんてことも少なくありません。

ところで、「面倒だ」の意味で、もうひとつ「大儀」という言葉もあります。

「今日は、会議だなぁ。大儀だなぁ」なんて言っている人、周りでよく見かけないでしょうか?

この場合の**「大儀」には「疲れるなぁ」という意味**も含まれています。

「大儀」のもともとの意味は、「大きな儀式」です。

たとえば、今上天皇は平成三十一年四月三十日に譲位され、翌五月一日には新しい天皇が即位されることになっています。

我が国で行われる儀式としてこれほど大きいものはないのではないかと思います。

天皇の即位というものは一日で終わるものではありません。

今上天皇の場合も、平成二(一九九〇)年一月二十三日の「賢所・皇霊殿・神殿への期日奉告の儀、伊勢神宮・天皇陵等への勅使派遣の儀」から同年十二月十九日の「天皇陛下御即位祝賀記念式典」までおよそ一年間にわたって様々な儀式が行われました。

「大儀」は、このように、たくさんの儀式が次々に行われることを意味したものなのです。

はたして、**「億劫」の「面倒さ」が、「時間が掛かる」点に主軸があるのに対して、「大儀」の場合は、たくさんの事柄が次々と起こることが予測されるという「事物の発生」に「面倒さ」の主軸がある**のです。

もちろん、天皇即位の儀式が面倒だということを意味するものではありませんから、誤解しないでほしいのですが。

「今日は、会議だなぁ、大儀だなぁ」という場合には、会議に伴って用意しないといけないものがあったり、会いたくない人と会わなければならなかったり、議論をするのがイヤだなぁなんてことを考えてみたり……。

出てみれば案外簡単なのかもしれませんが、出席するまでの「面倒さ」を意味するのが「大儀」なのです。

往生と他界

無頓着に「大往生でしたね」と言ってはいけない

「死ぬ」を表す言葉は、たくさんあります。

天皇の場合には「崩御《ほうぎょ》」、偉い人の死には「薨御《こうぎょ》」とか「逝去《せいきょ》」も言ったりします。他には「没す」や「亡くなる」「世を去る」「昇天」「旅立つ」なんて言葉もあります。

中国では、「蟬化」という言葉もあります。これは蟬のように、肉体という脱け殻をこの世界に遺して、魂だけで自由に動き廻ることができる「仙人になる」ことを言ったものです。

さて、今回はその中でもよく使われる「往生」と「他界」のちょっとした違いについて考えてみましょう。

詳しい説明に入る前に少し考えてみてほしいことがあります。

よく、「あの人は**大往生**だったなぁ」という言葉をお葬式の時に耳にしますが、実はこれ、使い方に注意がいる言葉だとご存知でしょうか？　もしあなたが故人について詳しく知らないまま、無頓着に「大往生」を使っていたとしたら、とんでもなく失礼に当たることもある言葉なのです。

そのタネ明かしをすると、一番の大きな違いは、**「往生」が仏教用語**であるのに対して、「他界」は宗教に関係なく使える、**ニュートラルに死を表す言葉**なのです。

「往生」は、景戒（生没年不詳、七九〇年頃）の『日本国現報善悪霊異記《にほんこくげんほうぜんあくりょういき》』に「不孝の衆生は、必ず地獄に堕ち、父母に孝養すれば、浄土に往生す」と使われ、源信（九四二～一〇一七）が『往生要集』に「応離苦海往生浄土（応に苦海を離れ、浄土に往生すべし）」と記して広く使われるようになった言葉です。

「往生浄土」は、漢文訓読すれば、「往きて浄土に生まる」とも読むことができますが、「現世を去って浄土に行く」という概念や、僧侶が多く使うところからしても、やはり「往生」は、仏教用語であることが明らかでしょう。

それに対して、「他界」は、もともと中国北周の正史である『周書』という仏教とはまったく関係のない書物に出典があります。

それに、「他界」とは「他の世界」という意味であって、必ずしも宗教的な意味が加わっているものでもありません。

そのため、**仏教だけでなく、キリスト教でも、神道でも、「他界」という言葉を使うことが可能**です。

故人が信仰したり所属したりしていた宗教について詳しく知らない場合は、「他界」を使った方が無難ではないかと思います。

栄養と滋養

目的に応じて食物を摂取する

『論語』に、次のような文章があります。

子游《しゆう》が孝の道を先師にたずねた。孔子が言った。今は、親に衣食の不自由をさせなければ、それが孝行だとされている。それだけのことなら、犬や馬を飼う場合にもやることだ。もし敬うということがなかったら、両者になんの区別があろうか。

「栄養」と「滋養」の違いは、もしかしたら犬や馬を飼うという意味の「養」と、親を「養う」と言った時の「養」ではないかと思うのです。

もちろん、『論語』の言葉に従ってという意味であって、現代の我々が犬や馬に寄せる思いとは違います。

さて、すでに「栄誉と名誉」でも説明しましたが、「栄」は、「花が木いっぱいに咲いていること」「華やかに咲いた花のようにさかえていること」を意味するものでした。別の言い方をすれば、「元気である」ということです。

それに対して「滋養」の「滋」は、どのようなことを意味しているのでしょうか。「滋」の右側は、新字体では形が変わってしまいましたが、古くは「茲」と書かれていました。これは「草木が、どんどん大きく生い茂っていく」ということを表したものです。

そしてこれに「氵」がついて、「水分や養分を与える」「芽や子どもなど、小さいものがどんどん増える」という意味になっていきました。

さらに付け加えると、「慈愛」の「慈」は、「茲」に「心」が付くことで、「子どもを産み育てる母親の、子をいつくしむ心」を表すようになったのです。

それでは、「養」は、どのようなことを意味するのでしょうか。

「養」の上の部分には「羊」という字が見えます。この漢字はもともと**「羊」を「食べる」**という意味で書かれたものなのです。

羊は、古代の中国では神への犠牲として使われるものでした。それは、羊が、力強く、美味しくて、形の良いものとされたからです。

「美」にも「羊」が見えることからも「形の良さ」という意味は分かるでしょう。ですが、「栄養」や「滋養」と言った場合には、「形の良さ」よりむしろ「力強さを与える」という意味で、「羊肉のように力をつける食物」を表すものです。

つまり、「栄養」は、**「病気に罹らないよう力をつけるために摂る食物」**ということになるでしょう。

また「滋養」は、**「芽や子どもなど、小さいものがどんどん増え、大きくなるように力をつけるために摂る食物」**と言えるでしょう。

糠雨と時雨

同じ霧雨でも、時期によって呼び方が変わる

「糠《ぬか》を知っていますか?」と学生に訊くと、ほとんどが見たことも、触ったこともないといいます。

ただ、「糠味噌《みそ》は?」と訊くと、「糠味噌で漬けた漬物は食べたことがあります」と言う学生は少なくありません。

「糠」は、小麦やお米の、いわゆる籾殻《もみがら》を細かく砕いて粉にしたものです。また、「糠味噌」は、この糠に、煮立ててさました塩水を注ぎ、味噌の固さに練って発酵させたものです。

ところで、「糠雨」という言葉があります。この「糠」の粉末のように小さな粒の雨で、降っているというより**霧吹きで作った霧のように漂っている雨**のことを指します。

漱石は、『虞美人草《ぐびじんそう》』で「古い京をいやが上に寂びよと降る糠雨が……」と、また、田山花袋《たやまかたい》は『重右衛門《じゅうえもん》の最後』に、「しょぼしょぼと烟《けぶ》るがごとき糠雨の侘しさは……」と書いています。

秋冬はもちろん、春の暖かい季節でも、霧雨が降るのは、なんとなくショボショボと寂びるような感じがします。

また、「糠雨」を「小糠雨」あるいは「粉糠雨」と呼ぶこともあります。

これは、「糠」の粒子の小さいことを「小糠」「粉糠」と表現するので、ふつうの糠よりもっと細かい霧のような雨を言うのです。

さて、この「糠雨」に似たものに「時雨《しぐれ》」があります。

ただ、**「糠雨」がオールシーズンでの霧雨**のことを言えるのに対し、**「時雨」は晩秋から初冬にかけての小雨**という、季節の限定があります。

『万葉集』には、

夕されば雁《かり》の越えゆく龍田山　しぐれに競《きほ》ひ色付きにけり

（巻十・二二一四番　詠み人知らず）

とあります。「しぐれに競って、色が付く龍田山」とは、紅葉のことを指すのですから、当然、季節は秋ですね。

『太平記』（足利殿東国下向事）にも「時節《をりふし》秋の時雨一通りして、河水岸を浸しければ……」と記されています。

芭蕉が亡くなった陰暦十月十二日は、「時雨忌《しぐれき》」と呼ばれます。たとえば二〇一七年は新暦十一月二十九日でしたが、例年だいたいその頃に当たります。十二月になれば、師走《しわす》という忙しさにかまけて寂しさを紛らわせることができますが、十一月の末というのは、どうしようもない侘しさに満ちています。

旅人と我が名呼ばれん初時雨

宿かりて名を名乗らするしぐれ哉

芭蕉は、「時雨」という季語を使って、独自の世界を表現することに成功したのでした。

芭蕉が亡くなったのが時雨の季節であることも合わせて、**芭蕉の命日は、「時雨忌」**と呼ばれるようになったのです。

終章

語感を磨くための練習

ニュアンスの違いを使いこなせば、
気持ちもぐっと伝わる

川端康成、円地文子は、最高の教科書

最近の人は、本を読まなくなったとよく言われます。

インターネットやスマートフォンなどで、気になる情報を探したりするために時間を費やす人が多くなったのが一番の大きな原因でしょう。

それと同時に、以前に比べると人がじっくり時間を掛けて何かをやることも少なくなってきているような気がします。

語感力を付けるには、一朝一夕にはいきません。

たっぷり時間を掛けて身に付けようと、ゆったり構えて頑張りましょう。

そして、語感力は、やはり本を読むか読まないかによって、はっきりその差ができてしまうものなのです。

語感力があるなぁと思う作家をいくつか挙げましょう。

まず、筆頭で挙げたいのは、なんといっても川端康成でしょう。

たとえば、川端は、「完本『雪国』」のあとがきに、こんなふうに記しています。

「私の作品のうちでこの「雪国」は多くの愛読者を持った方だが、日本の国の外で日本人に読まれた時に懐郷《かいきょう》の情を一入《ひとしお》そそるらしいということを戦争中に知った。これは私の自覚を深めた。」

「懐郷の情」という言葉は、「故郷を懐かしく思うこと」なのですが、「望郷」とも違って、「胸の中にある幼い頃の思い出に溢《あふ》れる故郷への想い」といったニュアンスをしみじみと感じさせますね。

また、もうあまり読まれない作家にはなってしまいましたが、日本の古典文学の素養をたっぷり子どもの頃から教えられて育った作家に円地文子《えんちふみこ》（一九〇五～一九八六）がいます。

彼女は、たとえば、『広辞苑』や『日本国語大辞典』にも掲載されていない言葉なども自由に創り出して言葉のニュアンスを和らげることを試みました。

たとえば、『妖』にはこんな文章があります。

「梅雨時のしんめり冷ややかな午後であった。千賀子はその日も坂に出て、人気の絶えた往来の静かさに浸っていた。土手の灌木の緑に半ば埋もれて額紫陽花《がくあじさい》の花が水色に二つ三つのぞいている。薄鈍《うすに》びて空に群立つ雲の層が増して、やがて又**小絶（おだ）えている**雨が降り始めるのであろう。」

「小絶える」という言葉は、「ほんの僅かの間止んでいる（雨）」といった意味でしょう。

それにしても「小絶えている雨」という表現は、なんとも言えない艶《なま》めかしい奥ゆかしさを持っているような気がするのですが、いかがでしょう。

じつは、こういう「小《を》」の使い方は、すでに奈良時代からありました。

『万葉集』には、「言出《ことで》しは誰《た》が言《こと》なるか小山田《をやまだ》の苗代水《なはしろみづ》の中淀《なかよど》にして」（巻四・七七六番）と書かれています。

（訳――最初に言葉をお掛けになったのは、どなたです？　そのくせ、山田の苗代の水のように、途中で途絶えたりして）

この「小」には、ほとんど意味はないのですが、こんなふうに使って、表現を和らげ優しい感じにする効果を与えているのです。歌の内容からしても分かるように、女の人がちょっと拗《す》ねているような感じを受けるでしょう。

同じような使い方は『源氏物語』（夕霧）にも見えます。

「空のけしきもあはれに霧わたりて山の蔭は小暗き心地するに」と書いてありますが、「暗き心地するに」を読むのに「お（を）ぐらき心地するに」と読むのです。

（訳――空の様子もしんみりと霧が立ち籠《こ》めて、山の蔭は薄暗い感じがするところに）

ここでも「暗い」という言葉を優しく、和らげた表現になっているということを感じることができるでしょう。

本を読んで、こんな言葉の使い方があるのか、と感じるのは、語感力を身に付けるためにはとても大切なことだと思います。

オーディオブックをフル活用して、「聞く」読書を楽しむ

ところで、聞いた言葉を頭の中で想像するというのは、読書をする人が目で拾った言葉を想像するのとよく似た作業です。

テレビのように音と視覚によって与えられる情報は、あまりに多量でそれを受け取るだけでいっぱいになってしまって、考えたり想像したりする力を殺《そ》いでしまいます。

想像力を働かせることによって、文字や音で表現された世界を自分の頭の中に創造することは非常に楽しく、同時に語感力を身に付けることにも繋がることではないかと思います。

最近では、**アマゾンのオーディオブック**などもあります。

以前から、筆者は日本には本を聞いて読むためのコンテンツが少なすぎると思っていました。

アメリカでは車での移動時間が長いこともあって、ビジネス書でも文学でも書物が

出版されるとまもなくそれを録音したコンテンツが発売されます。

アメリカ人は聞いて「読書」をすることができるのです。

聞きながらだと、手があくのでメモも取りやすくなりますし、倍速にして聞き飛ばすことも可能です。

いずれにせよ、読書と言っても「読む」「聞く」という方法があり、そのいずれの方法を取っても、我々は想像力を働かせる力を養うことができるのです。

そして、その**想像力が「創造力」を生み出していく源泉**になります。語感力は、想像力と「創造力」なくしては、なかなか身につくものではありません。

食事の時間は語感力を磨くベストタイミング

さて、もうひとつ、語感力を身に付ける方法について記しておきましょう。

それは、アウトプットをしよう！　ということです。

本を読んだり、オーディオブックを聞いて想像力を膨らませるだけでなく、こんどは実際に食事をしたりするときに、「美味しさ」や「まずさ」を、語感力を使って表現してほしいのです。

フランス人は、ワインを飲むとき、必ず、ソムリエのような言葉を使って、そのワインの味を表現します。

「まろやかに舌に絡みつく、フランボワーズの風味の強さがあるね」とか、「タンニンが強くて咽に引っかかるけど、ストレートにアタックする感じが独特だね」などです。

ところが、残念なことに、日本人は、食事をしても「美味しいーー！」とか「やばーい！」とか「うーん！」とか、せいぜい「ほっぺが落ちそう！」くらいの表現しかしません。

これでは語彙力も語感力もなし。それどころか味覚だって本当にあるの？ と言いたくなってしまいます。

甘エビの美味しさは、どう表現しましょう。

極上の海苔で巻かれたカンピョウはどんな味がしますか？

脂ののった寒ブリをしゃぶしゃぶで食べた時、舌はどんな喜びを感じるのでしょうか？

食感を語感に直結させる力を養うことができれば、食事はもっと楽しく豊かなものになるに違いありません。

あらゆる機会を見つけて、とにかく、恥ずかしいと決して思わず、言葉を並べ立てながら、語感力をどんどん付けてほしいと思うのです。

〈著者プロフィール〉

山口謠司

やまぐち・ようじ

大東文化大学文学部准教授。1963年長崎県生まれ。博士(中国学)。大東文化大学大学院、フランス国立社会科学高等研究院大学院、ケンブリッジ大学東洋学部共同研究員を経て現職。専門は、中国文献学。難解な言葉を分かりやすく解説するスタイルが話題を呼び、『世界ふしぎ発見』や『林先生が驚く初耳学!』などテレビ番組出演も多数。『日本語を作った男』(集英社インターナショナル)で2016年度和辻哲郎文化賞(一般部門)受賞。

ベストセラー『日本語の奇跡』『ん』(ともに新潮社)、『てんてん』(KADOKAWA)、『語彙力がないまま社会人になってしまった人へ』(ワニブックス)など著書多数。

この一言で「YES」を引き出す
格上の日本語

2018年4月20日　第1刷発行

著　者　山口謠司
発行者　見城 徹

発行所　株式会社 幻冬舎
〒151-0051　東京都渋谷区千駄ヶ谷4-9-7

電話　03(5411)6211(編集)
03(5411)6222(営業)
振替　00120-8-767643
印刷・製本所　中央精版印刷株式会社

検印廃止

Printed in Japan
ISBN978-4-344-03290-3　C0095
幻冬舎ホームページアドレス　http://www.gentosha.co.jp/

この本に関するご意見・ご感想をメールでお寄せいただく場合は、
comment@gentosha.co.jpまで。